税收经济
分析方法与实证研究

李晖 著

北京
冶金工业出版社
2021

内 容 提 要

本书根据税收数据的专业性、特殊性，以及税收政策的变化，系统介绍了税收经济分析的手段和方法，在制定完善的分析评价体系基础上，开展了一系列实证研究，力求实现对地区经济运行情况的监控；对接国家和地区重大经济发展战略，探讨产业结构调整方向；对税收政策实施效果进行评估，提出税收政策调整的建议。

本书可供各级财政税务部门工作人员、广大经济爱好者阅读，也可供高等院校经济学、财政学、管理学等专业师生参考。

图书在版编目（CIP）数据

税收经济分析方法与实证研究/李晖著．—北京：冶金工业出版社，2019.12（2021.10重印）

ISBN 978-7-5024-8316-6

Ⅰ.①税… Ⅱ.①李… Ⅲ.①税收管理—经济活动分析—研究—中国 Ⅳ.①F812.423

中国版本图书馆CIP数据核字（2019）第253258号

出 版 人 苏长永
地　　址 北京市东城区嵩祝院北巷39号 邮编 100009 电话 (010)64027926
网　　址 www.cnmip.com.cn 电子信箱 yjcbs@cnmip.com.cn
策划编辑 张耀辉 责任编辑 高 娜 美术编辑 郑小利
版式设计 孙跃红 责任校对 郭惠兰 责任印制 李玉山
ISBN 978-7-5024-8316-6
冶金工业出版社出版发行；各地新华书店经销；北京印刷集团有限责任公司印刷
2019年12月第1版，2021年10月第4次印刷
710mm×1000mm 1/16；11.25印张；217千字；169页
59.00元

冶金工业出版社 投稿电话 (010)64027932 投稿信箱 tougao@cnmip.com.cn
冶金工业出版社营销中心 电话 (010)64044283 传真 (010)64027893
冶金工业出版社天猫旗舰店 yjgycbs.tmall.com

前　言

税收数据最能反映经济社会发展运行的真实情况。通过税收与经济的大数据融合分析，可以让税收数据“说话”，使之成为经济社会发展重大决策的有力支撑。如实现对地区经济运行情况的动态监控；对接国家和地区重大经济发展战略，探讨产业结构调整方向；对税收政策实施效果评估，从而影响税收政策的制定与调整；关注社会热点、焦点和税收经济改革重点，形成有特色的税收经济分析产品。

正是由于税收经济分析的重要性，在2018年国税地税征管体制改革中，合并后税务局增设了一个全新的内设机构：税收经济分析处。此次机构改革将进一步推动税收数据步入专业化、智能化的轨道，释放税收数据对经济社会发展决策的重大参考价值，更让税收经济分析从服务税收管理提升到服务经济发展的层面。

鉴于税收数据的专业性、特殊性，特别是税收政策的变化，运用科学的手段和方法，制定完善的税收分析评价体系，开展实证研究，在当前显得更为迫切和重要。本书正是顺应这一新形势撰写而成。

本书在写作过程中得到了税务部门和沈阳大学的大力支持，在此表示衷心感谢。

因作者水平所限，书中不妥之处，敬请读者批评指正。

作　者

2019年7月

目　　录

第一篇　税收经济分析方法与评价体系

第二篇　税收经济分析的实证研究

第一篇

税收经济分析方法与评价体系

税收是财政收入的主要来源。税收收入为我国深化经济体制改革，促进国民经济持续快速发展，推动各项社会事业全面进步做出了重大贡献。

税收收入的变化是由经济因素、政策因素、征收管理因素等三个因素共同作用的，研究税收收入与这三个因素之间的关系，把握其内在的规律，对于提高税收，调控国民经济和调节收入分配的自觉性，实现税收收入与经济社会的协调增长，具有十分重要的意义。

税收经济分析是发挥税收调控经济职能的重要前提。税收政策是国家宏观经济政策的重要组成部分。在很多情况下，税收政策是国家调控国民经济运行的重要工具。要充分有效地发挥税收在调控宏观经济和调节收入分配中的作用，就必须在深入分析经济发展与税收增长的内在关系，在把握其一般规律的基础上，根据特定时期经济运行的特征和国内外经济形势的要求，制定有关税收政策方案，并运用有关政策分析工具，对实施相关政策方案的影响，尽可能地进行定量分析，从而为各级政府和有关部门科学决策提供客观依据。

税收经济分析是深化和完善税制改革的必要工具。1994 年以来，我国税制改革逐步展开，从内外资企业所得税统一到增值税的全面转型，从“营改增”政策调整到个人所得税改革、减税降费政策实施，每一项改革的影响和意义都极其深远。未来，我国税制改革的任务还十分繁重，还将进行房产税等多项改革。为确保税制改革方案的科学性和可行性，在每一项税制改革之前，都要开展深入细致的调查论证工作，准确地分析和预测改革方案的实施对于经济发展、收入分配以及税收收入的影响。在新的税制实施过程中，也要加强税制改革的效应分析，以积极反映税制改革的成果，及时反馈政策执行中的问题，采取必要的调整措施。

税收经济分析是强化税收征收管理的重要内容。当前，我国正处于不断深化征管改革构建现代化征管体系的过程中。构建现代化征管体系，要以风险管理为导向，把风险管理贯穿税收征管的全过程。风险的管理离不开税收的分析，税收经济分析水平的高低直接决定着构建现代化征管模式改革的成败。

税收经济分析是贯彻组织收入原则的内在要求。组织收入的原则是“依法征税，应收尽收，坚决不收过头税，坚决防止和制止越权减免税，坚决落实各项税收优惠政策”。组织收入原则就是要正确认识税收收入与支持经济发展的关系，切实处理好完成税收收入计划与坚持依法治税的关系，实现税收收入随着经济发展协调增长；组织收入原则就是要切实改变传统的按计划征税的做法，要准确地预测税收收入，做好中长期税收收入规划。准确地判断一定时期的税收收入形势，密切监控税收运行状况，及时发现组织收入中的问题，掌握税收收入工作的主动权。

第一章　税收经济分析概述

“经济决定税收，税收反映经济”。税收的产生源于经济，税收的主要作用之一在于调节经济，所以税收与经济之间关系密切，相互作用，相互影响。税收经济分析是在说明纳税人税源特征和税收特征的基础上，进一步开展纳税人税收与经济关系的分析，从静态上说明两者之间比例关系的合理性，从动态上说明两者之间变化关系的合理性，从而揭示两者之间相互影响的因素和程度，为组织税收收入，完善税收征管，调整税收政策提供决策依据。

我国的税收征管工作已由税收管理时代进入税源管理时代。税源管理的实质就是要求了解税源，掌握税源。其基本方式是进行税源分析；其目的是掌握实际征收效果，客观地评价税收征管工作，以及纳税人的税收缴纳状况，以此堵塞征管漏洞，完善征管措施，提高征管效率，改善税收状况。

第一节　税收经济分析的基本内涵

一、税收经济分析与分析指标

税收经济分析是以丰富的税收数据资料为基础，通过数据的挖掘与整理，对税收工作和经济运行状况进行客观的描述和评价，对税收经济关系予以解析，并对未来发展形势进行预测与推断，为政府决策提供参考。在实际研究工作中，税收经济分析主要以微观税收为重点，即针对具体纳税人的生产经营情况、财务状况及税收缴纳情况开展系列分析。

开展税收经济分析离不开税收经济分析指标的应用，税收经济分析指标是指一组相互关联的，用以系统说明税收经济关系、税收缴纳情况和税收征管工作状况的数据指标的集合。税收经济分析指标的应用从微观上可以说明纳税人的税收缴纳情况，从宏观上反映整体税收形势，考核评价税收征管工作。

二、税收经济分析的方向

税收经济分析主要包括两个基本方向：一是税收负担分析；二是税收弹性分析。

税收负担是指一定时期纳税人税收与税源的比例关系，是一个静态数据。税收负担是描述税收经济关系最直接的数据指标，因此税收经济分析的核心很大程度上是针对具体纳税人的税收负担开展的分析。

税收弹性是指税收增长与税源增长的比例关系，用以描述税源变化对税收收入的影响，是一个动态数据。该数据是研究税收经济关系的第二个重要指标。

税收负担和税收弹性分别从静态和动态描述税收经济关系，二者均是税收与税源的比例关系。从这两项描述税收经济关系的数据指标出发，可以形成纳税人税收特征的分析和纳税人税源特征的分析。其分析架构如图 1-1 所示。

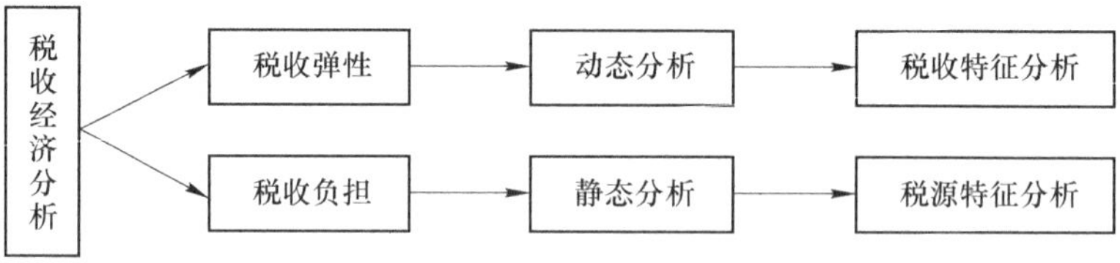

图 1-1 税收经济分析基本架构

三、税收经济分析的基本层次

税收经济分析按照分析的递进关系可以分为三个层次，即总量分析、计征关系分析和影响因素分析。

总量分析是以纳税人税收总量和税源总量为内容而开展的税收经济关系分析。计征关系分析是以税收计算征收为基础指标的逻辑关系分析，包括财务指标和纳税申报指标，目的是说明纳税人税收总量的合理性。影响因素分析是以生产要素指标为基础进行的纳税评估分析，目的是说明税源指标的合理性。

如图 1-2 所示，三个层次的分析，既相对独立，又密切联系。总量分析是反映税收负担最直接的税收经济指标。这一指标给出了现有税收制度和征管条件下税收收入的直接结果。然而，正是由于这一指标的简洁性，看不到税收经济关系详细的计算过程，使税收经济关系的合理性得不到印证，因此，需要计征关系分析和影响分析因素分析对总量指标进行合理性评估。

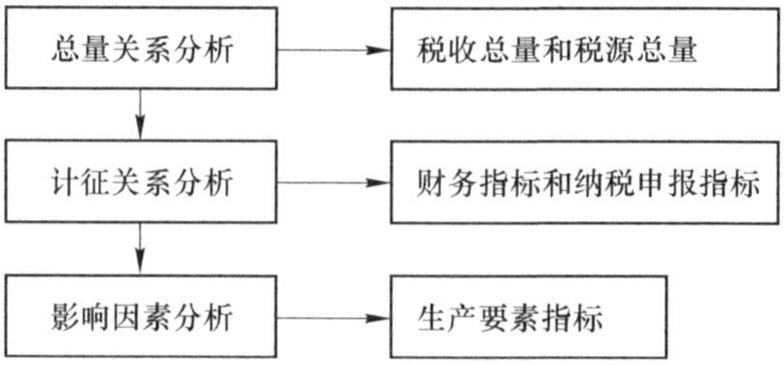

图 1-2 税收经济分析的层次递进关系

可见，三个层次的分析深度层层递进，分析指标更趋详细，分析方法逐渐复杂，分析成本相应提高。

四、税收经济分析的基本内容

税收经济分析的基本内容主要包括税源评估分析、税负评估分析和其他综合分析三个方面。

（一）税源评估分析

税源评估分析是对纳税人税源申报的正确性和完整性进行评估，是检验纳税人纳税申报的相关税源数据是否完整地反映了企业生产经营活动所取得的全部收入，检验纳税人申报数据是否按税法要求的形式和内容填报。通过对申报税人申报内容的完整性和准确性的鉴别，对纳税人的诚信度给予评估，为税收征管提供数据。具体包括税源真实性分析、税源质量分析和税源变化趋势分析等。

（二）税负评估分析

税负评估分析是对纳税人的税收负担的合理性进行评估，即在企业税源既定的情况下，检验企业税收负担是否满足税法规定要求和经济运行客观规律。通过对纳税人税收负担合理性的分析，为揭示税收征管工作的问题，挖掘税收潜力，完善税收征管措施提供数据支持和服务。具体包括税负水平测算、税负差异评估、税负变化趋势分析等。

（三）其他综合分析

其他综合分析是在掌握企业税源信息和税负信息的基础上，相应地展开税源预警分析、税负指数分析、影响因素分析和征收效能分析。

税收预警分析是通过对同一行业样本个体税源规律特征，税负规律特征和税负离散状况的分析，总结个体税收样本的关系特征，并参考这一规律特征，查找异常税收事件并予以警示报告的分析。

税负指数分析是反应同样税源条件下税收征管强度的指标，可以用同一行业样本个体税负的相对值具体体现。通过对相对值指数化处理，确立个体税负的相对位置，明确征收力度的差异。

征收效能分析是指征收效果和纳税能力。增收效能分析是指通过对纳税人的纳税能力的估算与其实际征收效果的关联分析，说明税收征收实际状况与纳税能力之间是否一致的分析。

影响因素分析是针对企业税源评估和企业税负评估两者出现的异常，究其原因开展的系列分析。通过这种分析，掌握发现税收问题，了解问题产生的原因，为进一步完善税收征管提供数据支持和服务。

税收经济分析的基本内容如图 1-3 所示。

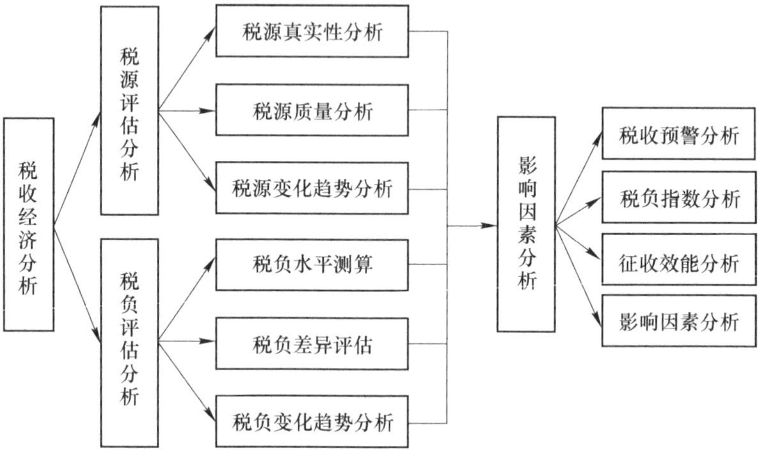

图 1-3 税收经济分析基本内容

第二节 税收经济分析的思路与方法

一、税收经济分析的思路

税收经济分析的基本思路可以概括为分析核心、分析对象、分析基点、技术路线四个方面。

（一）分析核心——税收经济关系

以税收经济关系为核心展开的分析，首先要以纳税人普遍诚信为基本假设。该假设是指广大纳税人中大多数可以按照有关税法规定，以诚信的态度履行纳税义务。在这一假设基础上，以研究税收经济关系为核心展开，而不是以税源的真实性为起点展开。视纳税人普遍诚信，就如同视自然人普遍守法一样，既不能将每一个人作为罪犯和嫌疑人看待，也不能将每一个纳税人作为不诚信纳税人看待。这一假设可以大大减少分析工作量，并明确分析思路。当然，纳税人普遍诚信假设也不排除个别纳税人不诚信，因此虽然以税收经济关系为核心，但也不排除对税源真实性的调查，当税收经济关系分析过程中遇到疑点，则同时开展税源真实性分析。

税收经济分析主要向税源和税收两个方向展开。一是按照现行税法规定，明晰税收与税源的计算关系，按照税法规定的计征关系，找到税收与税源对应经济指标和计算口径。二是说明税收与税源数量比例关系的合理性，包括税收与税源竞争关系的合理性和税收与经济相互作用影响的合理性。前者属于纳税评估的范畴，后者属于政策分析的范畴。

（二）分析对象——纳税人

税收经济分析是以具体纳税人为主要对象，就其税金缴纳情况而开展的系列分析。因此，税收经济分析对象的基本单位是纳税人，税收经济分析的基本思路是以具体的纳税人为基点，以具体纳税人的税收经济关系为基本内容开展分析。在研究具体纳税人税收经济关系的基础上，进而扩展纳税人样本儿群体的规律特征分析，并以此进行总体的推断。

需要注意的是，以纳税人为基本分析单位，并不排除其具有的宏观认识效果。因为总体特征是由众多个体特征的综合反映，所以通过一定数量纳税人数据的分析，就可以对总体纳税人的税金缴纳状况进行推断。因此，税收经济分析虽然从微观入手，但不局限于微观，而是有一定样本数量的支持，从而可以达到宏观认识的效果。

此外，在分析方法和手段上，也不排除宏观认识技术的支持，特别是对具体纳税人的纳税评估，除了纳税人涉税数据逻辑关系分析，外在数据不完整的情况下，则更需要有宏观数据结果为参考。因此税收经济分析离不开宏观分析技术支持。

（三）分析基点——经济总量

对具体纳税人进行税收经济分析时，通常以纳税人税收总量和税源总量的比例关系为基点进行。原因在于：从重要性上来看，总量税收经济关系是纳税人税收负担的总体体现，直接关系到纳税人的经济利益，是纳税人最关心的问题；从分析结果上看，总量税收经济关系是税收政策实施于具体纳税人的综合体现，是税收政策研究最直接相关的数据信息，是税收合理与否的最终展现；从分析层次上看，总量分析会使分析工作由简单到复杂，形成层层深入的递进关系，分析比较容易。

总量关系分析包括总体税负分析、税负结构检验、单项税负合理性分析和税源税收评估分析四个流程。总体税负分析是指对纳税人缴纳各项税金总量与其税源总量的比例关系分析。基本方法是纳税人具体税负值与标准值的对比分析。当总体税负偏低时，为检验不合格，分析进入下一环节税负结构检验。税负结构检验是对纳税人的主要税种的税负进行测算，分析总体税负偏低是受哪种税种税负偏低的影响，选定税负偏低的税种将进入单项税负合理性检验。单项税负合理性检验是指针对某一税负偏低时开展的合理性分析。这一分析将根据该税种的计征特点和所处行业的特点进行计征关系分析。这一环节不能通过时，将进行税源税收评估分析。税源税收评估分析是指在确定某种税种税负偏低时，围绕其税源和税收的计征关系的合理性而开展的分析，这一环节将对税源的真实性、税收计算的合理性、税收减免的影响、欠税影响等诸多因素进行详细审查。

（四）技术路线——同业税负

基本分析思路决定分析技术的选择，正确的分析技术又是顺利贯彻基本分析思路的保证。由于代表税收经济关系的直接指标是税收负担，所以税收经济分析的基本思路就从税收负担入手。

将同业税负用于税收经济分析的技术路线，其依据就是同业税负的可比性。同业税负的可比性基于三个基本假设：一是同一行业或同一产品的生产技术和工艺流程相近；二是同一行业或同一产品的原材料和能源消耗相近；三是同一行业或同一产品适用的税收政策相同。这三个假设排除了税收负担中经济结构、税收政策的影响，使影响税收负担的因素集中于税收征管，强化了其可比性。

企业税负评估就利用同业税负分析可比性这一特点，通过对大量数据样本的测算，总结出行业税负形成规律和特征，确定行业税负水平，比较企业税负差异，对企业税负的合理性给予评估。

二、税收经济分析的方法

税收经济分析的常用技术方法有三种，包括市场经济指标参比法、指标逻辑关系推断法和数据规律特征引证法。

（一）市场经济指标参比法

市场经济指标参比法是指在微观税收经济分析中将企业纳税申报数据经过加工处理后，形成特定的与市场经济指标口径一致的相关数据，然后比较企业数据与市场经济当前数据的一致性和差异性。

如果企业数据与市场经济当前相关指标数据差异过大，表明企业申报的相关税源数据，违背市场经济规律，当引起有关部门的注意。对企业质疑数据，按市场经济当前情况进行重新核定。

市场经济指标参比法在诸多税收经济分析方法中，从技术上看相对简单，但从数据采集情况上看，采集工作难度较大，在社会上很难采集到企业纳税评估所需要的所有市场经济统计指标。

（二）指标逻辑关系推断法

指标逻辑关系推断法是指在税收经济分析中，利用采集的企业数据指标之间内在的逻辑关系，来推断指标体系中某一特定指标的真伪性和合理性。如在企业财务报表中，其会计核算过程中的各种时期数与时点数之间，各项收入与各项支出之间都严格地按照会计法则存在一定的逻辑关系。各项财务指标中任何一项指标没有严格按照会计法则处理，都必然破坏这种业已存在的逻辑关系，露出破绽。

指标逻辑关系推断法就是利用数据之间的逻辑关系，通过对企业数据的加工整理，发现问题，推断企业税收情况的真实性和合理性。这种方法在技术上有成熟的法则可以借鉴，在数据的采集上也比较容易实现，因此这种方法在税收经济分析当中比较常见。

常用的逻辑关系推断法有配比比率分析法，跨期数据稽核法、杜邦分析法和因素分析法。配比比率分析法是指运用数理统计技术，通过对大量样本数据的挖掘整理，对企业财务当期存在内在配比关系的若干变动率财务指标进行相关性对比，从分析增减变化方向和变化幅度，判别合理性，从而发现企业财务数据的真实性。跨期数据稽核法是对一定时期或时点的企业生产经营情况和资产构成状况的客观情况进行稽核。企业的各项财务指标具有一定的时效性，又存在跨期的衔接性。运用会计核算基本原理和分析技术，展开对企业财务数据的跨期数据集合，可以揭示企业财务数据的真实性和合理性。杜邦分析法是利用各种财务指标之间的内在关系，对企业综合经营、理财及经济效益进行系统分析评价的方法。因其最初由美国杜邦公司创立成功而得名。因素分析法是从数据样本中概括和提取为几个相互关联的因素，从相关因素的变化来反应和解释结果的变化原因，揭示出分析对象中因变量和自变量的联系因素。

（三）数据规律特征引证法

数据规律特征引证法是指在税收经济分析中，运用数理统计技术，通过对大量样本数据的挖掘和整理，总结出相关的规律和特征，并以此鉴定个别样本数据的真伪性和合理程度。由于数据规律特征，引证法需要应用数理统计技术，在计算机技术的支持下对大量的数据样本进行技术处理，因此在诸多企业税收经济分析当中，该方法是最复杂的一种。

常用的数据规律特征引证分析有以下两个基本方面：一是纵向趋势分析，是对特定研究对象，不同历史时期的财务信息和数据进行规律特征分析，通过对时间序列的单一指标和多项指标的相关性进行分析，从而找到规律，发现差距，辨别真伪的一种比较分析方法；二是横向规律分析，是对特定研究对象在相同条件和环境下，不同样本的财务信息与经济数据进行规律特征分析，通过对大量样本数据的挖掘、整理、测算，揭示出样本群体的规律特征，从而发现差距、明辨真伪的一种分析比较方法。

第二章　税源特征分析

税收经济分析的基本任务之一就是掌握和了解纳税人的经济活动及其生产运营情况，并以样本经济特征推断总体情况，客观描述和认识经济运行状况，为正确判断税收形势、制定税收政策、组织税收收入管理等提供参考依据。因此，在税收数据库形成之后，通常首要的分析内容即是税源经济特征的分析，分析的主要内容包括经济总量规模、税源结构分布、经济运行态势及税源质量状况等。

第一节　税源总量及其分布

一、税源的含义

从广义上讲，税源是指根据我国现行有关税法规定，可能产生税收的一切社会资源，包括各种社会经济活动中形成的物质生产量、业务交易量、新创造的价值、占用的社会资源、劳动所得及某些特定的经济行为。简言之，泛指一切涉税经济活动及行为。

从狭义上来讲，税源是指直接产生某一具体税种，并据以计算这一税收数量的经济量和行为活动量，即通常所用的“税基”概念。典型的狭义的税源指的是计税收入和计税产销量。

从综合性角度来说，税源是指若干不同税种，追根溯源以同一经济活动量为代表，涵盖各种税源所形成的概念。最具代表性的综合性税源就是“企业营业收入”，追根溯源，它是增值税、消费税和企业所得税等若干税种的共同来源，所以经常把企业收入直接简单地称为“税源”。

在税收经济分析中，广义和狭义的税源概念都会经常用到。在研究税收总量和税源的关系时，通常运用的是广义的税源和综合性的税源概念，而在进行具体单一税种的收入分析时，应用的则是狭义的税源概念。

二、税源数据的采集与处理

根据税源概念的含义以及税收数据采集所掌握的数据指标，在分析税源现状时常用的指标有纳税人户数、重点税源监控户数、企业经营收入、主要税种的应税收入（计税收入）、主要产品产量以及企业应付职工工资总额等。

（1）纳税人户数。是指各级税务机关辖区内注册登记的纳税人数量，包括企业纳税人和个体纳税人。纳税人的多少和构成一定程度上反映一个地区税源规模和税收潜能，是税源分析的一个重要指标。

（2）税源监控户数。是指各地区组织实施税源监控工作所能监管到位的企业数量，是从纳税人数量上体现税源监控的总体规模和覆盖范围的指标。其他说明是税源规模和状况的经济指标都是在实现企业监控数量的基础上实现的。因此，企业监控户数是考核税源监控工作情况最重要的一项基础指标。

（3）企业经营收入。是反映企业一定会计期间实现的各种生产经营和产品或服务的销售收入和劳务收入，这一指标通常从企业的利润表和损益表中取得。由于这一指标综合地反映企业各种生产经营活动所取得的收入，而且是企业利润产生的源头，所以这一指标是一项代表性很强的综合性税源指标。

（4）计税收入。是根据税法有关规定，按照税收品目要求计算分项税收收入的计税依据，也称为税基。它是一种细化的分税种的具体税源指标，是构成总体税源的基础成分，是按照税法规定分税种精确计算税收收入的基础依据。计税收入可以从企业纳税申报表中取得，也可从企业收入分类核算明细账中取得。

（5）主要产品产量。是依据经济活动生产与销售的量价关系建立起来的一项税源指标，它可以反映企业经济活动的能力和规模，产品产量对从量计征的税种来说，是直接税源指标，对从价计征的税种来说，是一种间接税源指标。产品产量可以从企业纳税申报表中取得，也可以从企业生产统计报表中取得。企业经营利润是综合反映企业一定会计期间实现的生产经营成果，包括企业经营收入扣除成本费用支出后的价值，以及各种投资回报或提供服务取得的净收入。它是企业所得税税收收入的直接税源指标，通常从企业的利润表和损益表中取得。

（6）工资总额。是反映企业在一定会计期间支付给企业职工的劳动报酬，包括发放给企业职工的基本工资、各种奖金和各种福利补贴。工资总额是个人所得税工薪所得税目的直接税源指标，通常按企业应付工资账户一定会计期间的贷方发生额合计数认定。

为完整地反映现实税源的客观状况，需对上述税源指标进行加工处理，建立这些税源指标与其他经济指标和事项的联系，形成一个相对完整的参照系。数据处理方法如下：

一是建立样本与总体的关系。建立样本与总体的关系，就是将监控税源采集的数据作为一个调查样本，把样本数据与总体数据做比较，明确样本数据在总体中的位置和分量，客观地评价样本数据的意义。需要进行这种处理的税源指标有监控户数，企业将收入，产品产量等。

二是提炼精确税源指标。就是对总量税源指标和模糊税源指标进行细化，从中提出某些税种的精确税源指标，目的在于掌握税源总量中不同税源的结构，并根据税源总量指标与精确指标的关系，推断税收产出。需要进行这种数据处理的税源指标有企业净收入和产品产量，从中提取不同税种的计税收入和计税产量。

三是平均化处理。是指某些税源指标的总量，不能给出相应的税收产出关系，因此需要对这些税源指标进行平均化处理。比如劳动者报酬与个人所得税的关系，这类的税源问题指标是工资总额，因为工薪所得税的征收是按人头给予扣除后再按累进税率计算的，所以必须对工资总额进行人均工资处理后才能看出税收产出的前景。

第二节　税源变化趋势与相关性分析

一、税源变化趋势及相关性分析的意义

税源分析静态看税源的总量和分布，动态看税源的变化趋势。研究税源规模的大小及其变化趋势，可以为预测税收收入、组织税收收入提供数据支持。研究税源指标的相关性，可以说明税源指标之间相互影响和逻辑关系的合理性，是检验税源数据的真实性和纳税评估的重要分析基础。

二、税源变化指标说明与数据处理

税源描述应用的三大主要指标是收入、增加值和利润；具体在微观税收经济分析领域，参考最新的《企业会计制度》，是指企业主营业务收入、企业增加值和企业利润，以及由此生成的一些相对分析指标，如企业增值率、企业利润率以及这些指标的增长率和相关系数。前者描述税源的变化趋势，后者说明税源指标变化相互影响的关联性。

（1）企业增加值。是指企业一定会计期间的新创造的价值，是增值税的计税依据，是评价税收经济关系和开展税收评估的重要指标。

（2）企业利润。是指企业一定会计期间以财务指标所反映的经营成果和所得，是企业所得税计税的重要参考依据，是评价税收经济关系和开展纳税评估的重要指标。

（3）税源增长率。是指税源指标不同时期数据差额与基期数据的比值，它反映不同会计期间税源的变化程度，是分析检验税源变化情况的重要指标，由不同期间税源总量计算得出。

收入、增加值和利润三者之间的关系是层层包容的。一定数量的纳税人产生一定总量的经营收入，利润包含于增加值之中，增加值包含于收入之中，从核算环节上看，先计算出收入，其次才能核算出增加值，最后才能核算出利润。因此，三者之间有明确的逻辑计算关系。其关系公式是：

生产法，

企业增加值 = 企业总产值 - 中间投入

实现增加值 = 销售产值 - 中间投入

收入法，

企业增加值 = 劳动者报酬 = 折旧 + 生产性税金 + 营业盈余

实现利润 - 实现增加值 - 劳动者报酬 - 折旧 - 生产性税金

由于产值是根据市场价格计算的，所以在一定程度上，销售产值就是销售收入和企业的主营业务收入，是根据企业的生产经营内容而定的。

尽管企业收入、增加值和利润三者之间的逻辑关系是确定的，但由于多种因素的影响，三者之间的相关关系是不确定的，相关程度如何，由关系到三者之间的影响因素的变化情况来确定。如增加值是否与收入相关，要看销售和中间投入双方价格的变化、利润与增加值相关与否，要看其他三个因素是否变化。另一方面，如果影响因素均没有相对变化，收入、增加值与利润三者之间就一定呈线性相关。

因此，少量数据应该从逻辑关系直接入手，海量数据可从相关分析入手，先进行相关分析，观察其关联程度，再看变化弹性，观察其关联的性质。

三、税源增长的分析

税源增长的分析主要有两个方面的内容：一是分析税源前后期增量的变化情况；二是看前后年度同一期税源增量的变化情况。前者通常称为环比，后者通常称为同比。税源增长分析是描述税源形势好坏的一项重要指标，也是分析税收与经济关系的一项基础指标。

（一）环比

税源增长环比是指当期税源与前期税源变化情况的比较，是前后两期税源差额与前期税源的百分比关系。具体计算公式如下：

$$\text{税源环比增长} = \frac{\text{当期税源数量} - \text{上年同月税源数量}}{\text{上年同月税源数量}} \times 100\%$$

（二）同期比

同期比也称为同比，是指当年某期税源与上期同期税源变化情况的比较，是前后年度同一期间税源差额与上期同期税源的百分比关系。同期比较又分为当月收入的同期比较和累计收入的同期比较。具体计算公式如下：

$$\text{税源当月同比增长} = \frac{\text{当年当月税源数量} - \text{上年同月税源数量}}{\text{上年同月税源数量}} \times 100\%$$

$$\text{税源累计同比增长} = \frac{\text{当年累计税收税源数量} - \text{上年同期累计税源数量}}{\text{上年同期累计税源数量}} \times 100\%$$

（三）加权同期比

由于纳税人户数是分月统计增加，计算其税源增量时，应分月统计户数再乘以后续各月的实际影响月份数。计算公式如下：

$$税源增量影响 = \frac{\sum 本期户数_I(I-1) + \sum 上期户数_I(I-1)}{\sum 上期户数_I(I-1)}$$

四、税源变化的相关性分析

税源增长的相关性分析是指对税源不同指标增量之间的相关性分析。在税源各种指标之间影响因素相对稳定的情况下，税源各指标的增量应同步增长，税源各指标的增长必然存在一定的相关关系。如果分析结果表明税源指标之间不存在相关关系，则说明有影响税源变化因素的异常，为分析税源分析预警提供数据支持。

相关分析在数理统计学中主要是计算分析相关对象之间的相关性系数，相关系数是统计学中用于反映两组数据相互关联程度的统计指标，它说明一种数据（自变量）对另一组数据（因变量）的影响程度。相关系数等于1，表明两组数据完全相关；相关系数大于0.9，表明两组数据高度相关；相关系数小于0.9，说明两组数据不完全相关。

分析相关系数，目的在于利用相关的一组数据（自变量）推断和预测另一组数据（因变量），研究另一组数据（因变量）发生的可能性。如果相关系数大于0.9，则在高度相关的情况下，即可以做这种推测；否则认为两组数据之间不发生关联，则不能作此推断。

相关分析应用在税收数据分析中，至少需要提取近12个月的税源指标数据，按照下列公式分别计算各列数据的相关系数 R。公式是：

$$R_{xy} = \frac{\cos(x,\ y)}{\sigma_x \sigma_y} \tag{2-1}$$

式中，

$$\cos(x,\ y) = \frac{1}{n}\sum(x-\bar{x})(y-\bar{y})$$

$$\sigma_x = \frac{1}{n}\sum(x-\bar{x})^2$$

$$\sigma_y = \frac{1}{n}\sum(y-\bar{y})^2$$

R_{xy} 为相关系数；$\cos(x,y)$ 为协方差；σ_x 为自变量 x 的方差；σ_y 为因变量 y 的方差。

第三节　税源质量分析

一、税源质量

我们很难简单地以税源总量估算不同地区的税收收入能力，因为虽然地区的总量相近，或企业的收入规模相当，其实际税收贡献总量的差异却很大，这主要是不同地区和不同企业税源经济总量中含税成分的不同所致。因此，如果从税源总量估算税收总量，就必须明确税源的质量。

税源质量是对税源这一经济量优劣程度的度量。它不仅含有对税源中潜在税收含量的一种度量，同时也反映税源规模的变化情况。潜在的税收含量越高，意味着税收产出可能就越多，表明税源质量越好，反之说明税源质量越差。另一方面，税源的变化趋势是增长还是萎缩，预示着税收收入的变化趋势。税源的增长意味着潜在税收收入的增长，反之则意味着税收收入的衰减。

理论上，虽然质量的概念视角是清晰的，但现实经济生活中很难找到一个经济量来对这一概念作出准确的表述，因此，税源分析中经常是从不同的角度，以若干经济指标对税源质量进行综合的评价。

二、税源质量的指标与处理

凡是能够反映税收与税源之间相互影响关系的相对经济量，以及反映税源规模变化趋势的经济量，都可以作为衡量税源质量的指标。常用的指标有计税收入率、经营利润率、销售净值率、资产报酬率、盈亏比以及有关经济量的增长率等。

（1）计税收入率是企业各主要税种计税收入（计税销售额）与企业各项收入总和的比例关系，综合反映企业一定会计期间实现的总收入中所含纯净税源的比重。由于税收政策因素，不是所有的企业收入都要计税，企业的某些收入可能是免税收入，某些收入可能是不征税的收入。因此，在企业会计核算中要将计税收入和非税收入分别核算。在税源分析上，也要区分两者的性质，从两者的比例关系上认识税源质量。公式是：

$$计税收入率=\frac{各项计税收入合计}{各项收入总和}\times 100\%$$

（2）经营利润率是企业所得税的计税基础和依据，企业收支相抵结算出的利润越多，企业所得税的产出就越多，所以企业经营利润率就成为衡量企业所得税的税源质量指标。经营利润率越高，说明税源质量越好。公式是：

$$经营（销售）利润率=\frac{利润总额}{经营（销售）收入}\times 100\%$$

（3）销售增值率是增值税的计税依据，企业销售收入中所含的转移价值越低，新增价值越高，增值税的产出就越多。所以企业销售收入中的增加值比率，就是衡量增值税税源质量的最好经济指标。企业销售增值率越高，说明税源质量越好。公式是：

$$销售增值率 = \frac{企业增加值}{销售收入} \times 100\%$$

企业增加值可以由销售产值减去转移价值来计算，但由于企业财务报表没有详细转移价值的核算数据，通常采用收入法来计算，公式是：

$$企业增加值 = 折旧 + 生产税金 + 工资福利 + 利润总额$$

（4）盈亏比是指盈利企业与亏损企业之间的比例关系。盈利企业征收企业所得税，而亏损企业没有企业所得税。在企业群体中，盈利企业的比例越高，企业所得税的潜在产出就越多，所以盈亏比是一个很好的税源质量指标。公式是：

$$盈亏比 = \frac{盈利企业户数}{亏损企业户数}$$

或

$$盈亏比 = \frac{盈利企业利润总额}{亏损企业亏损总额}$$

（5）经济增长比是有关经济指标的增长比值，如销售增长比，企业增加值增长比，企业资产增长比等。是当期经济量与前期经济量的比值。之所以采用比值而不是增长率的形式，主要是为了后续数据处理的方便。因为若采用增长率形式，则可能会出现负增长的情况，后续数据处理较为复杂。而比值的形式只有大小之分，没有正负的区别，始终以正值表现，后续数据处理较为方便。公式是：

$$经济增长比 = \frac{本期经济量}{前期经济量}$$

可见，税源质量不是一个单一的经济指标就能说明的问题，认识税源质量应综合各项税收特征，对税源进行全方位的评价。因此，在数据处理上往往是综合各项经济指标的情况，对不同指标赋予不同的权重，通过加权处理，求出一个综合指数。运用综合指数全面评价不同年度和不同群体税源质量的优劣。

第四节　企业规模分析

一、企业规模经济

规模经济是经济学中的一个重要理念。规模经济的一个重要思想就是规模效应，即经济活动随着规模扩大，可以降低单位固定成本和费用，从而使边际效益提高，产生规模效应。因此，规模经济也是规模效益的同义词。

税源分析是税收经济分析的一个重要组成部分，更应重视企业规模对经济税收的影响。税源分析中开展对企业规模的分析，目的一是了解当前生产力条件下企业规模现状、企业规模结构、不同规模群体的经济效益以及对经济发展的影响；二是了解企业规模与税源质量的关系，据此推断各地区、各行业潜在的税收能力；三是了解规模与效益关系，为经济发展提出经济结构调整的依据。

二、企业规模的指标与处理

综合衡量企业规模的大小，通常是从企业职工人数、资产规模和产品产销量等多项指标进行评判。但在税收经济分析中则更注重研究企业占用社会资源与其社会贡献之间的价值量化关系。因此，企业规模的定位往往是以“企业资产”的价值量为参考进行定位。职工人数与产销量则作为社会效益和经济效益指标，用来评判企业资产的占用价值。

企业资产是以价值形态表现的企业占用的各种形态资产价值量的总和，包括物质形态资产、货币形态资产和无形资产。“占用”包括其所有者自己所有的资产和负债形成的资产。这一指标可以从企业的资产负债表中取得。

由于企业资产总量是随时变化的，所以衡量企业规模通常是以其平均资产为标准定位。平均资产是以企业期初资产和期末资产的平均数进行计算的，公式是：

$$企业平均资产 = \frac{期初资产 + 期末资产}{2}$$

三、规模与效益

分析规模与效益的关系，首先要找出能说明企业效益的相关指标，再通过实证分析看企业效益与企业规模之间的联系，并从中发现和总结规律。

反映企业效益的常用指标有企业利润率和企业收益率。前者是以企业收入为基础反映的效益指标，后者是以资产为基础反映的效益指标。为了说明企业利润率和企业收益率之间的联系，还需要测算收入与资产之间的关系及资产收入率和创收率；考虑到税收关系，还可以计算增值率。

四、规模与税源实力变化

纳税人数量的多少只能体现外在总量的规模，结合纳税人的户均规模，才能体现税源的实力，因此单靠纳税人户数的高速增长很难说明税源收入就一定会有大幅度的增长，关键还是要看纳税人的实力。其重要指标之一就是纳税人的资产规模。

分析税源实力变化，应将新增纳税人按资产规模分类，按分类加权汇总计算纳税人的增量，统计税源实力的变化。计算公式如下：

$$税源实力变化 = \frac{\sum 本期分类户数 \times 规模权重 + \sum 上期分类户数 \times 规模权重}{\sum 上期分类户数 \times 规模权重}$$

第三章　税收特征分析

税收特征分析又称企业税收特征分析。企业税收特征是企业税收缴纳活动中所形成的反映企业税收缴纳情况的涉税特征，它是由一些具体的涉税指标来实现的。企业从事经济活动涉及哪些税金，实现了多少税金，缴纳了多少税金，欠了多少税金，税金的结构比例等等一系列的税收情况，直接影响国民收入在国家与企业间的利益分配关系，同时也分别反映税务部门与企业征纳双方的征管质量与诚实信义。因此，企业税收特征既是税收的政策调整、税收收入组织的决定因素，也是税务征管质量考核、企业诚信评价的基础。正确、客观地描述企业的税收特征，是税收经济分析的一项重要内容。

第一节　税收规模及其变化趋势

一、税收规模及其变化趋势分析

税收规模是指一定税源环境下，税收产出总量的大小和水平。研究税收规模的大小及其变化趋势，意义在于：一是税收收入作为财政收入的主要组成部分，税收规模可以反映地区间的财力水平和差异；二是税收收入作为 GDP 的重要组成部分，分析税收规模是研究 GDP 结构和宏观税收负担水平的基础；三是分析税收规模水平是科学编制税收计划的基础；四是分析不同税源环境下的税收规模水平，是税收收入组织工作确定重点管理对象和成本效益管理的决策依据。

二、税收规模指标说明与数据处理

反映税收规模情况的指标主要有税收收入总额及其增长率。前者描述规模水平，后者说明变化趋势。

（1）税收总额是指一定税源条件下各种税收的合计数，它说明了一定税源条件下的税收总量水平。税收总额是税收管理的目标对象，是税收计划编制的主体内容。因此，这一数额通常是指税收收入实际入库数。

（2）税收增长率是指不同税收会计期间的税收差额与基期税收收入的比值，反映不同税收会计期间税收收入的变化程度。它是分析考核税收收入变化情况的重要指标，由不同期间税收总量的计算得出。

分析税收规模水平，主要方法是比较分析，即寻找一个参照系，通过参照对比，给出一个可想象的量化规模水平。从税收收入的经济成分和社会职能分析，其参照系通常是借助 GDP 和财政收入。GDP 的构成中，税收的比例有多大，财政收入构成中，税收收入的比例有多大。对不同税源条件下税收收入规模的分析，其参照系通常是不同地区、不同时间和样本与总体关系相互参照。

三、税收增长的分析

税收增长的分析主要包括两个方面：一是分析税收前后期税收增长量的变化情况；二是看前后年度同一期税收增长量的变化情况。前者的比较为环比，后者则为同比。税收增长分析是描述税收形势好坏的一项重要指标，也是分析税收与经济关系的一项基础指标。

（一）环比

税收增长环比是指当期税收与前期税收收入变化情况的比较，是前后两期税收收入差额与前期税收收入的百分比关系。具体计算公式如下：

$$税收环比增长 = \frac{当期税收收入 - 前期税收收入}{前期税收收入} \times 100\%$$

（二）同期比

税收增长同期比是指当年某期税收收入与上期同期税收收入变化情况的比较，是前后年度同一期间税收收入差额与上期同期税收收入的百分比关系。同期比较又分为当月收入的同期比较和累计收入的同期比较。具体计算公式如下：

$$税收当月同比增长 = \frac{当年当月税收收入 - 上年同月税收收入}{上年同月税收收入} \times 100\%$$

$$税收累计同比增长 = \frac{当年累计税收收入 - 上年同期累计税收收入}{上年同期累计税收收入} \times 100\%$$

四、税收增长的相关性分析

税收增长的相关性分析是指对税收增长与税源增长的相关性的分析。经济决定税收，不仅决定税收的整体规模，同时也决定了税收的变化情况。在税收政策和征管条件相对稳定的情况下，税收增长就与税源同步。所以税收增长必然与税源增长之间存在一定的相关关系，如果分析结果表明两者之间不存在相关关系，则说明税收征收与税源脱节。

相关性分析同第二章第二节内容。

第二节 税收结构分析

一、税收结构分析的意义和内容

税收结构是指税收收入总量中各项税收所占比重的结构关系。税收结构是税收政策、经济结构和征管倾向等因素综合作用的结果，所以研究税收结构可以间接地了解一个国家或地区的税源结构、税制设计倾向和税收政策执行情况，同时也可以了解和掌握税收结构的变化趋势，对税收政策的调整和税收收入形势的预测都有着十分重要的意义。

税收结构的分析，从静态上是对各种税金结构比例的描述，动态上是结构变化的趋势和幅度的描述。在此基础上，分析税收结构变化的原因，对今后的变化趋势进行推断和预测，并提出相应的对策和建议。

二、指标说明与数据的处理

在数据处理上，税收结构是企业交纳各项税款与税收总量之间的比例关系，具体测算时可提取企业报表一定时期的增值税、消费税、资源税、企业所得税和其他各税的税收收入，以此计算税种比例关系。具体计算公式如下：

$$\text{某税种所占比例} = \frac{\text{某税种税收收入}}{\text{企业全部税收收入}} \times 100\%$$

在表现形式和内容上，可采用表格和饼图的结合形式，显示累计税收的税种结构；用曲线和表格的结合形式，反映各种税种所占的比例关系。

三、税收结构变化

税收结构的变化不仅对税收收入总量会产生一定影响，同时也会对不同纳税人切身利益以及税收在各级财政间的分配产生重大影响。由于税收结构是税收政策、经济结构和征管倾向等因素综合作用的结果，因此，税收结构的变化因素可能是多方面的。在分析税收结构变化倾向的同时，更应关注导致税收结构变化的成因。

第三节 税收减免优惠政策效应分析

税收特征另一个方面的重要内容就是反映企业税收减免优惠政策的执行情况。税收经济杠杆作用的发挥，其主要实现途径是通过税收优惠政策的制定与实施，引导和调节经济结构和区域经济的发展。为了解和掌握我国税收优惠政策对国民经济调节的促进作用以及税收优惠政策的执行情况，可以利用重点税源监管企业减免税信息和企业税收调查资料，对税收优惠政策的有关情况进行测算分析。

一、税收优惠政策分析考虑的因素

税收优惠政策的测算分析是一项税收专项测算分析。开展税收优惠政策的测算分析要设立一个比较系统完整的测算分析方案。一般包括以下基本内容：具体研究对象，测算分析的目的、反映情况的基本内容和范围，测算分析所遵循的基本指导思想和技术路线，测算样本的限定要求和样本数据的整理，总体结论性意见和建设性建议。

根据测算分析的目的和角度，税收优惠政策测算分析的内容可深可浅，但基本的要求包括三个方面：一是要反映税收优惠的总体规模；二是要说明政策执行情况与政策设计初衷的一致性；三是根据测算情况，提出完善改进的建设性意见。

二、税收优惠政策的指标说明

税收优惠政策的分析，主要是描述税收优惠政策执行的客观现状和变化情况，包括企业减免优惠税金的整体规模、结构分布及其发展变化。通过分类比较和历史比较，描述企业减免优惠税金的发展形式，揭示税收减免优惠政策执行差异和问题所在。

税收优惠政策的分析可以分别按照税种、地区、行业和企业经济类型展开。测算的主要指标有，企业减免优惠税金总量、企业减免优惠税金与实现税金的比例关系、户均减免优惠税金水平、受益企业比例关系、减免优惠税金结构、减免优惠税金变化幅度及趋势，以及减免优惠税金与税源的相关关系。

（一）受益企业比例

受益企业比例是指享受企业减免优惠税金的企业占全部调查企业和重点税源监控企业的比例。测算这一指标有助于了解和掌握受益企业覆盖面有多大，从而了解一个地区的整体税收优惠环境。具体计算公式如下：

$$受益企业比例=\frac{享受任何一项减免退税企业的数量}{全部调查企业和监控企业}\times 100\%$$

（二）受益税额比例

受益税额比例是指企业享受的减免退税金与当期实现税金的比例关系。测算这一比例关系有助于了解和掌握企业减免退税金与实现税金的关系，从而可以认识减免优惠税金的相对规模，揭示税收优惠的强度。具体计算公式如下：

$$\text{受益税额比例} = \frac{\text{企业减免退税金}}{\text{企业当期实现税金}} \times 100\%$$

（三）户均受益税额

户均受益税额是指企业减免退税金总量在受益企业的平均分布。测算这一数据可以利用样本数据推断总体税收减免优惠税金的规模和形势，比较地区之间税收优惠税金的相对差异，揭示税收减免优惠的强弱。具体计算公式如下：

$$\text{户均受益税额} = \frac{\text{企业减免退税金总额}}{\text{受益企业数量}}$$

（四）受益程度变化比值

受益程度变化比值是指企业当年受益税金比例与上年受益税金比例的比值关系。测算这一数值可以了解和掌握企业税收优惠政策的变化情况，分析判断企业减免退税金的变化趋势和幅度。具体测算公式如下：

$$\text{受益程度变化比值} = \frac{\text{当期授予税金/当期实现税金}}{\text{上期受益税金/上期实现税金}}$$

（五）税收优惠综合指数

综合指数是综合不同角度反映某一事物客观现状的统计分析技术指标，它可以使我们综合事物的各个方面，全面了解和认识事物状态，对不同群体的事物特征进行综合比较。

对企业税收优惠政策问题的分析，可以将受益企业比例、受益税额比例、户均受益税额及受益税金变化比值等四项指标，通过指数化处理，用综合指数来综合地评价企业税收优惠政策的状况。

数据处理过程是先分别确定各项指标的基准值，然后将各项指标不同群体的绝对值与基准值进行比较，求出相对值，最后再将各项指标不同群体的相对值进行加总再平均，求出不同群体的综合指数。

（1）某项指标相对值计算公式：

$$\widehat{X_{ij}} = \frac{X_{ij}}{\overline{X_i}}$$

（2）某地区综合指数计算公式：

$$X_j = \frac{\sum \widehat{X_{ij}}}{N}$$

式中，N 为指标当量。

三、税收减免优惠政策的测算口径

反映税收优惠政策的税收指标有很多，在企业税收资料调查中，受指标的局限，反映企业税收优惠政策情况可供测算分析的指标大约有以下内容：企业当年享受的以增值税还贷税额，企业当年享受的内销货物先征后退、即征即退的增值税额，企业当年实行免抵退办法出口货物的增值税免抵税额，企业当年适用于出口退税政策出口货物实际享受的增值税退税额，企业当年按规定减征的增值税额，企业当年按规定减征的消费税额，企业当年享受的出口货物实退消费税额，企业当年按规定减免的所得税额，企业当年投资抵免的企业所得税额，企业当年享受的先征后返、即征即退、列收列支的企业所得税额。

第四章　税收经济关系分析

税收与经济关系，也被称为税收与税源关系。在税收经济关系中，一方面税收是经济的产物，是在税源的基础上，根据税法规定，依率计算征收的结果，是国民经济生产新增价值中一个重要的组成部分。另一方面，税收对经济的反作用可以调节和影响经济的发展。经济税收的这种相互关系可以说是“经济决定税收，税收调节经济”。

税收与经济的这一基本关系要求税收工作应严格按照税收经济关系这一客观规律进行，即在税制设计上，要求充分考虑国民经济结构发展水平和政府公共支出需求等因素，确定最优税制；在税收征管工作中，要严格按照税收政策所反映的税收经济规律执行。

开展税收与税源关系的分析就是按照税收经济关系规律，为税收工作提供数据支持和决策依据。开展税收经济关系分析：一方面可以揭示当前税收工作与经济形势的联系是否协调，是否违背税收经济关系规律；另一方面可以根据经济形势预测和指导未来的税收工作。

揭示税收经济关系的统计分析指标很多，最直接的分析指标就是税收负担和税收弹性。在分析方法上，说明税收与经济关系最简洁的技术就是税收与经济的相关性分析。

第一节　税收负担

一、研究税收负担的意义

税收负担可以笼统地定义为税收与税源的一种比例关系，其最终形成则取决于经济结构、税收政策和征管强度等综合因素的作用。由于税收负担凝聚着经济政策和征管等诸多因素，所以研究税收负担，可以从不同角度揭示税收经济关系、税收政策执行情况和税收征管的问题，因此税收负担就成为税收经济分析中的一项重要内容。

税收负担根据研究对象的范围可以分为宏观税负和微观税负。宏观税负是指一个国家、一个地区国民经济范畴的税收负担。微观税负是指具体纳税人所承受的税收负担。具体纳税人可能是企业，也可能是自然人。在税收经济分析中，税收负担通常指的是微观税负。

税收负担是指企业缴纳税款与其相关税源的比例关系。它反映企业一定时期从事某种生产经营活动所承受的税收负担的状况，从中可以揭示企业经济活动与税收的关系、企业税收相关政策执行情况以及该企业税务主管机关的征收管理情况。因此，研究税收负担可以为税收管理工作提供丰富的税收信息。分析企业税收负担主要内容有税负水平、税负结构、税负差异、税负变化差异以及影响税负变化的原因分析等。

二、指标说明与数据处理

虽然税收负担可以笼统地定义为税收与税源的一种比例关系，但根据研究税收负担的目的和角度的不同，具体比例关系的口径定义存在着较大差别。综合税收负担分析的主要内容，税负分析的主要指标可以概括为以下几个方面。

（1）总体税负。企业总体税负是指企业缴纳的各项税金与其相关税源的比例关系。为了综合地反映企业总体税收负担，能用统一的税源口径说明和解释税收与税源的基本关系，可将企业总体税负的相关税源的口径定义为企业的主营业务收入。这样既可以方便取数，又可以全面地建立各种税种与税源的关系。还能通俗的解释税收负担的概念，为社会所接受。具体计算公式如下：

$$\text{企业总体税负} = \frac{\text{企业缴纳的各项税金总额}}{\text{企业主营业务收入}} \times 100\%$$

（2）主体税负。企业主体税负是指企业缴纳的各项税种中，对企业所承受的总体税收负担起主体影响的税收与其相关税源的比例关系。从事不同生产经营活动的企业，缴纳的税种不尽相同，影响其总体税负的主体税种也不一样。主体税种是指企业缴纳的诸多税种中，其结构比例最重要的税种。其公式是：

$$\text{企业主体税负} = \frac{\text{企业缴纳的主体税种的税额}}{\text{主体税种相关税源收入(所得)}} \times 100\%$$

（3）多种比例形式。

1）与计税依据比较。税收负担除可以进行税收与其相关的初始税源比较计算外，还可以进行税收与其计税依据的比较计算。目的是为了比较实际税负与法定适用税率的差异，分析税收政策执行的时效效果，描述税收征管工作的客观现状，具体数据处理视分析对象而定，如流转税可以与计税收入比，企业所得税可以与计税所得额比。计算公式如下：

$$\text{企业某一单项税负} = \frac{\text{企业缴纳的某种税种的税款总额}}{\text{该税种相关的计税收入}} \times 100\%$$

2）与企业增加值比较。企业的税源也可以定义在企业一定会计期间新创造的增加值，即企业增加值，可以用企业缴纳的税金与企业增加值比较进行计算。利用企业增加值计算税收负担目的是开展微观税负与宏观税负的比较研究。因为企业增加值与宏观 GDP 在口径上接近，使微观税负与宏观税负建立了可比的基础。具体计算公式如下：

$$企业税负 = \frac{企业缴纳的各种税种的税款总额}{企业增加值} \times 100\%$$

（4）税负变化的比较。税收负担分析一项重要的内容就是观察历史税收负担的变化，通过税收负担变化的分析，解析经济结构、税收政策以及税收征管对税收负担变化的影响。主要通过环比或同比来实现。环比变化是指当月税负与上月税负变化的差异。同比变化是指当年一定时期税负与上年同一期间税负的差异。由于税负负担指标本身是百分数，税负变化的计量单位一般多用百分点表示。公式如下：

环比税负差异 = 当月税负 - 上月税负

同比税负差异 = 当年一定时期税负 - 上年同一时期税负

三、企业税负分析

企业总体税负的高低与企业所处行业领域、涉及税收政策和具体征管强弱等诸多因素存在密切关系。用具体数据解析这种影响可以具体表现为单项税负的高低和涉及税种的多少。一个企业单项税负偏低，涉及税种又少，总体税负也必然会低；一个企业单项税负偏高，涉及税种又多，其总体税负也必然会高。企业单项税负的高低涉及税种的多少与该企业所处的行业有密切关系。企业平均税负只能给出整体税负水平，若想了解税负关系的更多信息，必须进行更细致的分类比较。

（1）地区税负差异。地区间的企业税收负担水平，由于受经济结构的影响，差异较大。这种差异是地区经济结构的体现，并不意味着税收不公平。所以解读地区间企业税负水平的差异，一方面应该认识地区的经济结构特点，另一方面应该认识地区间税收贡献的不同。地区企业平均税负水平较高，主要体现为经济结构所决定的税收贡献较大，不应简单地视为税收不公。

（2）行业税负差异。由于行业间的市场环境不同，适用税收政策不同，行业间的税负差异可能会很大。分析不同行业间的税负差异，意义在于为税收政策的调整、有效促进税收经济杠杆的作用提供参考依据。一般来说，税负较高的行业除其增值率较高外，其流转税均涉及两个税种或两个以上；税负较低的行业，其流转税一般只涉及一项税种。不同行业税负差异说明，如果运用得当，税收工具是调节经济非常有效的经济杠杆。

（3）企业经济类型税负差异。不同经济类型的企业，受其规模和市场竞争地位的制约，只能介入其有优势的领域发展。这种市场规则的约束会对不同经济类型企业的税负水平产生一定影响。分析不同类型企业的税负差异，可以为税收政策调整，利用税收经济杠杆改善市场竞争环境提供参考依据。

（4）微观税负与宏观税负的关系。微观税负与宏观税负的比较分析，要求两者之间的计算口径保持一致。在数据处理过程中，微观税负的计算是企业某项税收收入与其相关增加值的比例关系。宏观税负计算的是某项税收收入与其相关行业增加值的比例关系。两者之间存在着特定的联系和相关性，两者的变化趋势应该一致。在税收经济分析工作中，可以利用两者之间的这种相互验证关系，佐证某一数据资料不足的缺陷。

（5）税负的变化趋势。研究税负变化的目的，一是从税收负担的变化看加强征管的效力，二是研究税收负担的变化对企业承受能力和企业发展的影响。由于税收负担形成过程中受多种因素的影响，观察税收负担变化注重同口径的比较，以避开经济结构的影响。

（6）税收负担与非税收负担分析。企业的各种税收负担都会不同程度地影响企业的净收益。研究税收负担与非税收负担，可以认识不同负担在企业总体负担中的地位和作用，这样不仅帮助企业改善管理，也有助于真实说明税收负担对企业的影响程度。可利用企业税收资料调查表当中的有关数据，对企业的利息负担、劳保福利负担与企业的税收负担进行比较。

企业利息负担是指企业的利息支出与企业销售收入的比率。企业劳保福利负担是指企业职工福利，退休金及社保福利基金支出与企业销售收入的比例。企业税收负担是指企业缴纳的各项税金与企业销售收入的比率。

企业税收负担水平的高低及合理与否，目前在国际上没有一个公认的固定标准，只能通过历史比较、横向比较以及是否影响企业自身发展几个方面来进行判断，一般主要体现在企业税负水平与企业发展的关系和税收公平原则两个方面。当然，非税负担从企业的角度上来看，总是越低越好。

第二节　税收弹性

一、研究税收弹性的意义

税收弹性是指税收增长与经济增长的比值关系。这一指标反映经济变化对税收变化的影响，体现税收增长与经济增长的同步性和相关性，是认识经济税收关系的一项重要指标。

在现行税收政策不变的条件下，税收收入依据一定量的经济规模，按适用税率计征。这种以经济决定税收的税收经济规律，决定了税收收入必然应按照经济总量的变化而同步变化。如果以税收弹性指标说明这种税收经济增长关系，即在理想状态下税收弹性应等于 1。考虑到经济结构变化、国民收入分配环节变化、税收政策调整以及税收征管强度变化等因素的影响，税收弹性不可能绝对等于 1，而更多的是在 1 附近波动。

如果税收弹性值偏离过大，说明税收收入未能与经济的发展同步变化，税收与经济关系相对脱节。因此，可以说税收弹性是描述税收经济关系前兆性的综合指标，可以为客观评价税收经济关系现状，进一步研究和认识税收变化的原因，提供重要的信息和数据支持。

二、指标说明与数据处理

测算税收增长弹性，涉及企业的税收增长和税源增长，在此基础上计算两者的比值关系，求出税收弹性。各项指标的计算关系如下。

（1）企业税收增长速度。企业税收增长速度是企业一定时期税收增量与基期税收总量的比例关系，按照这一计算关系，可以计算某一税种的增长关系，也可以计算企业总体税收的增长关系。具体计算公式如下：

$$企业税收增长速度 = \frac{当年一定时期税收 - 上年同期税收}{上年同期税收} \times 100\%$$

（2）企业税源增长速度。企业税源增长速度是企业一定时期税源增量与基期税源总量的比例关系。依据不同的税种，这一税源指标可能是销售收入，也可能是计税所得额，视分析对象不同而定。具体计算公式如下：

$$企业税源增长速度 = \frac{当年一定时期税源总量 - 上年同期税源总量}{上年同期税源总量} \times 100\%$$

（3）企业税收增长弹性。企业税收增长弹性是企业税收增长速度与税源增长速度的比值。按照这一计算关系，可以计算某一税种的增长关系，也可以计算企业总体税收的增长关系。具体计算公式如下：

$$企业税收增长弹性 = \frac{企业税收增长速度}{企业税源增长速度}$$

（4）税收弹性变化幅度。税收弹性变化幅度是指前后两期税收弹性变化的差值，该指标反映税收弹性的变化情况，体现税收经济关系的稳定性。具体计算公式如下：

$$税收弹性变化幅度 = 当期税收增长弹性 - 前期税收增长弹性$$

（5）税收弹性波幅。税收弹性波幅指税收弹性平均变化幅度，由各期税收弹性与其平均税收弹性的绝对平均距离求得。这一指标反映各期间税收征管工作的平稳性。具体计算公式如下：

$$税收弹性波幅 = \frac{\sum |各期税收弹性 - 平均税收弹性|}{样本量}$$

三、分类弹性分析

在企业总体税收收入弹性分析的基础上，还可以开展分类税收弹性分析。分类税收弹性分析是指按照税种、地区、行业和企业经济类型进行分类开展税收弹性分析，通过分类税收弹性分析，可以深入了解税收增长的拉动因子，为细化税收增长因素分析提供数据支持。

分类税收弹性分析的步骤和方法，一是计算总体税收增长弹性。通过计算总体税收增长弹性，初步判定税收增长是否大于经济增长。二是计算分类税收增长弹性。通过计算分类税收增长弹性，初步确定税收增长的拉动因子。三是计算分类税收增量占总增量的比例。对税收增长弹性大于1的因子，通过计算其税收增量占总增量的比例，求得拉动效应。

第三节 税收负担相关性分析

税收负担是税收与税源的比例关系，这一比例关系从时间的维度可与税收弹性建立起关联分析。通过关联性分析，可以更透彻地认识和把握各项指标的内涵和联系。

由于税收负担是税收与税源的比例关系，所以该指标是说明税收经济关系最直接的分析指标。税收变化弹性是税收增长与税源增长的比例关系，所以该指标也是说明税收与经济关系的重要指标之一。两者都说明税收经济关系，但基本区别是前者是一项静态分析指标，而后者是动态分析指标。由于税收变化弹性是不同时间税收经济负担变化的比例关系，所以对于某一个纳税人来说，在税收政策不变的条件下，两者之间存在下列必然关联关系：

税收负担提高，税收弹性大于1；

税收负担不变，税收弹性等于1；

税收负担下降，税收弹性小于1。

第五章　同业税负分析

为了突出税收负担的可比性，要剥离影响税收负担形成过程中的诸多影响因素，集中考虑某一种因素的影响，并解析其规律特征，才能为完善税收管理体系提供准确的数据支持。同业税负分析就是为了解决税收负担可比性的矛盾而开展的一项税收经济分析。

第一节　同业税负及其内涵

一、同业税负与行业税负

同业税负与行业税负是两个不同的概念。行业税负是指某一行业税收总量与税源总量之间的比例关系，是一项反映行业税收经济关系的数据指标，是一个具体的数值。它可以是一个行业所有税种税收总量负担的概念，也可以是该行业一个税种税收总量负担的概念，可依据研究的目的自行定义口径。

同业税负则是指同一行业税收负担形成过程中所表现出的税收与经济的一系列相关关系，包括个体与整体的相关关系、个体之间的相关关系，以及由这一系列关系所反映出的行业税收经济关系的规律特征。

同业税负包括行业税负水平，同一行业个体税负实际情况、相对关系以及由其相对关系所决定的征收力度，同一行业个体税负的离散情况、规律特征及其在税收管理实践中的指导意义等。

二、同业税负研究的意义

（一）强化税负分析的可比性

税收负担多因素影响的模糊性，使得长期以来无法进行地区之间、企业之间的税收负担比较。这种税负的不可比性决定了无法利用税收负担指标清晰地认识地域间的税收经济关系以及税收的征管状况。

同业税负的特点之一就是具有可比性。它是建立在三个基本假设前提之上：一是同一行业或同一产品的生产技术和加工工艺相近；二是同一行业或同一产品的原材料和能源消耗相近；三是同一行业或同一产品适用的税收政策相同。由此排除了税收负担中经济结构、税收政策的影响，使得影响税收负担因素集中于税收征管，强化了可比性。

同业税负的研究以行业税负为切入点，剔除了经济结构的影响，细化了比较关系，找到了税负可比的支撑点，解决了地域税负、企业税负的可比性问题。

（二）建立行业税负客观标准

通过抽样样本进行同业税负水平的测算，可以给出现行税制和现有征管条件下各行业的客观税负水平，以此为参考标准，分析指导税收征管工作。

（三）为考核征收力度提供理论基础

同业税负的可比性为考核税收征收力度提供了理论基础。由于同一税负剔除了生产技术差异和税收政策差异的影响，其税负的形成就集中表现为税收征管因素的影响。通过对同一行业个体税负相对位置的测算，就可以表现相同税源条件下税收的征收情况，也可以确定个体税收的征收力度。

（四）为建立税负预警机制提供数据支持

预警机制是在对事物规律特征研究的基础上，通过鉴别异常事件预报警示信息。同业税负的研究就是解析同一行业样本个体税负的相对关系、离散状况以及由此决定的规律特征，因此，同业税负的理论研究为税负预警机制奠定了理论基础。同业税负关系的测算为税负预警提供了数据支持。

第二节　同业税负分析的内容及相关模型

一、同业税负分析的基本内容

同业税负分析研究的基本内容包括行业税负水平测算、增收力度分析、税负预警分析、税负原因分析，如图 5-1 所示。

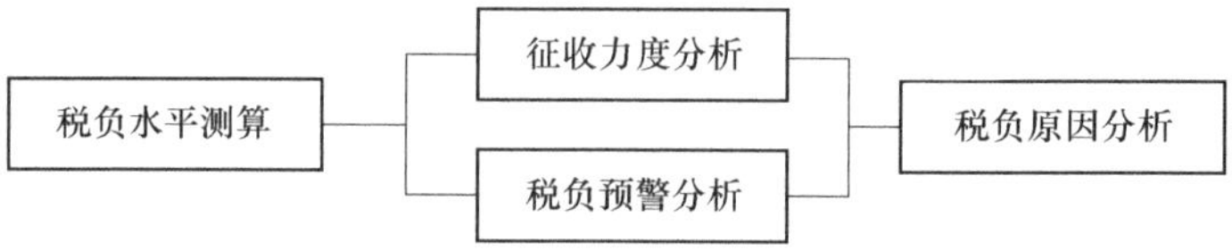

图 5-1　同业税负分析基本内容与步骤

（1）行业税负水平是指在现行税收政策和现有征管条件下，一个行业实际税收负担的客观水平，在数值上体现为一个行业税收总量与税源总量的比例关系。行业税负水平是同业税负分析的切入点，是同业税负后续分析内容的主要参考基准。行业税负水平测算就是在考虑行业样本数量和质量等统计条件的基础上，测算出行业的实际税负水平。

（2）征收力度是反映同样税源条件下税收征收强度的指标，可以用同一行业样本个体的实际税负相对值具体体现。征收力度分析就是分别测算行业样本个体的实际税负值，通过相对值指数化处理，确立个体税负的相对位置，明确征收力度的差异。

（3）税负预警是针对异常税负事件预警时报告。税负预警分析是通过对同一行业样本个体税负离散状况的分析，总结个体税负相关关系的规律特征，并参考这一规律特征，查找异常税负事件的分析工作。离散度是建立税负预警机制的一个重要参考值，某一行业的样本离散状况，在一定程度上反映该行业税收经济关系的复杂性和税收管理的现状。离散度越大，说明情况越复杂，要求设定的预警区间范围也相应较宽。

（4）税负原因分析是针对征收力度偏低地区、企业税负预警地区和行业企业就征收力度低及出现税负预警的形成原因开展系列分析。

二、相关模型与分析思路

（1）税负计算公式。

$$\text{税收负担} = \frac{\text{实际税收总量}}{\text{相关税源总量}} \times 100\%$$

（2）征收力度测算模型。

1）同业税负的计算。

$$\mathrm{TB}_{ij} = \frac{\mathrm{TAX}_{ij}}{\mathrm{CR}_{ij}} \times 100\%$$

式中，TB 为税收负担；TAX 为税收；CR 为计税收入或所得；i 为地区；j 为行业。

2）税负相对值。

$$\widehat{\mathrm{TB}_{ij}} = \frac{\mathrm{TB}_{ij}}{\overline{\mathrm{TB}_j}}$$

式中，$\overline{\mathrm{TB}_j}$ 为 j 行业税负水平。

3）综合征收力度。

$$\widehat{\mathrm{CTB}_{ij}} = \frac{\sum \widehat{\mathrm{TB}_{ij}}}{N_i}$$

式中，N_i 为 i 地区涉税行业数量。

（3）税负预警测算。

1）行业税负水平。

$$\overline{\mathrm{TB}_j} = \frac{\mathrm{TAX}_j}{\mathrm{CR}_j} \times 100\%$$

2）行业税负离散度。

① 修正标准差。

$$S_j = \frac{\sqrt{\sum(\mathrm{TB}_{ij} - \overline{\mathrm{TB}})^2}}{N}$$

② 离散系数

$$\delta_j = \frac{S_j}{\overline{\mathrm{TB}_j}}$$

3）税负预警线。

$$\mathrm{RATB}_j = \overline{\mathrm{TB}_j} - S_j(\delta)$$

以标准差异界定合理区间是一般概念，针对实际工作中的具体对象，由于样本分布较散，标准差过大，以此界定对象的取值范围就可能过大，超过了客观环境和条件的要求。因此在设定预警期时要考虑样本离散的相对概念及离散系数。这一比例关系是标准差与研究对象客观水平值的一个相对大小的关系。可以参考这一比例关系的大小界定分析对象的预警界限，具体取值要根据管理对象的性质和预警管理要求来确定，一般研究对象可以参考60%分及格为惯例确定参考值。

通过税收预警工作，加强税源管理，税收将逐步规范和完善，离散系数将会逐渐减少，最终会小于0.6。

第六章　税收收入质量评价

为深入推进依法治税，贯彻落实组织收入原则，促进税收收入由计划管理向质量管理转变，实现税收收入持续稳定增长，建立科学全面的税收收入质量评价体系势在必行。税收收入计划管理强调“量”的增加，但税收收入质量管理更强调“质”的提高，其内涵不仅有量的增加，还包括收入结构的合理性、税收经济增长的协调性、税务部门对收入的掌控能力以及风险控制能力等。通过评价税收收入质量，还能够从税收的角度，反映经济结构调整，促进发展方式转变，鼓励技术进步创新的成果，有利于税务部门更好地为经济社会的科学发展服务。

第一节　税收质量评价体系

一、建立税收收入质量评价体系的目的

（1）促进组织收入原则落实。贯彻落实“依法征收，应收尽收，坚决不收过头税，坚决防止和制止越权减免税”的组织收入原则，是依法治税在税收工作中的具体表现，也是促进税收收入健康持续增长的有效保证。税收收入质量的高低，能够反映出税务机关对组织收入原则的落实程度。评价税收收入质量，有利于促进组织收入原则落到实处。

（2）提高收入风险管理水平。加强征管薄弱环节管理，提高税收掌控能力，强化风险意识，减少税收流失，是提高税收收入质量的有力保障。评价税收收入质量，尤其是发现组织收入工作中存在的问题，有利于推动各地税务机关提高管理水平，降低收入风险，营造良好的税收环境。

（3）科学反映税收发展状况。税收来源于经济，分析税收收入的发展不能脱离经济因素。对税收与经济发展的协调性进行评价，正确衡量税收与经济的相关关系，改善和调整其中的不和谐因素，发挥税收调控经济发展的职能作用，促进税收的可持续增长和经济的健康快速运行。

（4）服务国家经济结构调整。税收收入结构能够反映经济结构状况。通过分析税收产业结构、税种结构和行业税收的发展变化，可以展示经济增长、结构优化和质量提升的成效。对税收收入结构的合理性和优化度进行评价，反映经济税源质量和可持续发展能力，服务经济发展方式转变和结构调整。

二、建立税收收入质量评价体系的总体思路和原则

建立税收收入质量评价体系的总体思路是：紧密围绕建立税收收入质量评价体系的目的，合理选取评价指标，科学确定评价标准和方法，切实指导各地税务机关努力提高税收收入质量管理水平，促进税收收入健康可持续增长。

税收质量评价体系，遵循以下原则：

（1）依法合规原则。评价指标的确定，符合税收法律法规，符合国家大政方针，符合经济社会发展方向。评价体系全部采取量化指标，涵盖全面，重点突出，方法科学，过程严谨。

（2）客观公正原则。在评价指标统一、量化的前提下，充分考虑区域经济发展水平不平衡和功能区产业结构差异，客观上造成的经济税源和税收收入差异性。评价采取相对值评价，消除绝对值差异，更具可比性。

（3）综合协调原则。税收收入是经济发展、税收政策和税务部门征管的综合体现，税收收入质量评价是对税源质量、税收政策执行和税收征管能力的综合评价。收入评价体系与其他评价体系协调统一，相互配合，提高系统评价的整体功效。

（4）实用简便原则。评价数据取自现行的国民经济核算体系和税务部门收入规划核算系统，来源便捷、准确。评价工作依托现代信息技术，与各类应用系统衔接融合，以自动生成评价结果为主，实现系统内部“信息管税”。按年适时公布评价情况，指导基层及时改进。

（5）循序渐进原则。税收收入质量评价体系立足当前，兼顾需要与可能，同时着眼长远。随着数据来源的丰富和数据处理方法的改进，逐步完善税收收入质量评价体系，实现数据信息的充分利用。

第二节 税收收入质量评价体系的指标选取

构建税收收入质量评价体系，首先要选择与税收收入质量存在密切关系的指标，以便有针对性地选取不同的处理方法来计算评价结果。我们从税收收入形成的各个层面和角度入手，将能够反映或影响税收收入质量的因素归纳为以下三个方面：一是反映税收收入结构优化度，主要包括产业、税种、行业以及微观企业之间税收收入分布结构的相关指标，经济税源结构优化程度越高，税收的可持续发展能力就越强，税收收入质量也相对较高；二是评判税收与经济协调程度，税收收入反映出的状态与经济发展越匹配，税收收入的质量相对就越高；三是衡量税务机关风险管理能力，包括税务机关对税收收入的掌控能力、税收政策的执行能力、税源的管理能力等指标，税务部门的风险管理水平越强，税收收入的质量就越高。

一、税收收入结构优化度指标

(一) 税收收入产业结构系数变动率

(1) 设置目的：一、二产业比重下降，第三产业比重上升是产业结构演进和发展的必然趋势。加快第三产业经济发展是国家经济结构调整的一项主要目标，第三产业税收收入比重上升，说明该地区经济结构优化，税收收入质量提高。

(2) 计算公式：

$$\text{税收收入产业结构系数} = \frac{\text{第三产业税收收入}}{\text{全部税收收入}} \times 100\%$$

$$\text{税收收入产业结构系数变动率} = \frac{\text{报告期税收收入产业结构系数} - \text{基期税收收入产业结构系数}}{\text{基期税收收入产业结构系数}} \times 100\%$$

(3) 数据来源：税收会统报表。

(二) 税收收入税种结构系数变动率

(1) 设置目的：税制改革的方向是不断提高直接税收占总体税收的比重，通过设置该指标，反映直接税收收入占全部税收收入比重增减情况，直接税收收入比重增加说明税种结构不断优化，税收收入质量提高。

(2) 计算公式：

$$\text{所得税占全部税收收入比重} = \frac{\text{企业所得税收入} + \text{个人所得税收入}}{\text{全部税收收入}} \times 100\%$$

$$\text{税收收入税种结构系数变动率} = \frac{\text{报告期所得税占全部税收收入比重} - \text{基期所得税占全部税收收入比重}}{\text{基期所得税占全部税收收入比重}} \times 100\%$$

(3) 数据来源：税收月度快报。

(三) 税收收入的行业集中度

(1) 设置目的：反映某地区各行业税收收入在全部税收收入中的均匀分布程度。行业税收分布较为均匀，说明税收收入稳定性较高。

(2) 计算公式：

$$\text{行业税收集中度指数} = \sum_{i=1}^{n}\left(\frac{\text{第 } i \text{ 个行业的税收收入}}{\text{地区行业总收入}}\right)^2$$

(3) 数据来源：税收会统报表。

（4）评价方法说明：此处计算集中度指标引入了国际上常用的赫芬达尔指数（Herfindahl index），该指数能够较为全面地反映税收集中程度。如税收独家垄断时，该指标为1；如存在大量规模相等的税源，该指标则趋近于0。这个指标处理相对简单易行，但是否绝对科学还不确定。如果可以，建议引入税收洛伦兹曲线和基尼系数的概念，用税收基尼系数反映此集中度，方法如下。

首先构建税收洛伦兹曲线，将行业税收按照由低到高的顺序排列，横轴表示行业的累积百分比，纵轴表示税收收入的累积百分比，如图6-1所示洛伦兹曲线可以反映不同行业（由小到大）个数所占比重（累计比重）与它们税收的占有率累计比重的对应关系，该曲线与等分布线补充和表明税收分布不均匀，曲线向下凸的程度越大，税收集中度就越高，反之越低。

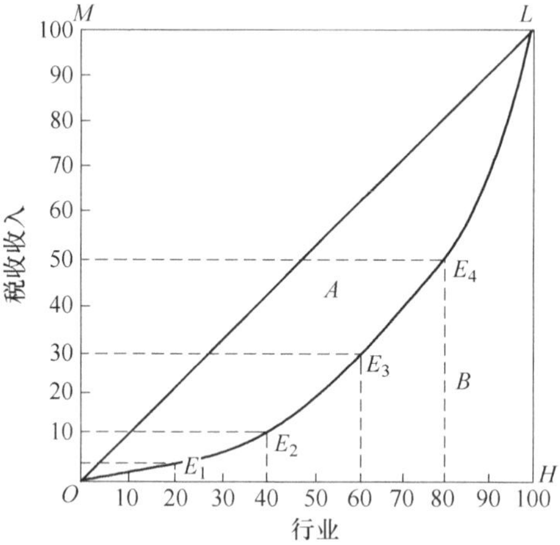

图6-1　税收洛伦兹曲线

其次构建税收基尼系数来反映税收集中度，以反映税收的分布和变化情况，计算洛伦兹曲线与绝对均衡线围成的弓形面积 S_a 占等分布线右下方整个三角形面积（S_a+S_b）的比例，公式为 $G=\dfrac{S_a}{S_a+S_b}$。

得出的结果就是我们所要使用的指标。G 为0时，表示税收分布最为均匀，G 为1时表示税收收入仅由1个行业创造。G 值越大，税收集中度越高，税收结构相对不合理。

（四）税收收入的企业集中度

（1）设置目的：反映某地区微观企业税收收入在全部税收收入中的均匀分布程度。企业税收分布较为均匀，说明税收收入稳定性较高。

（2）计算公式：

$$企业税收集中度指数 = \sum_{i=1}^{n}\left(\frac{第\ i\ 个企业的税收收入}{地区企业总税收收入}\right)^2$$

（3）数据来源：重点税源系统。

（4）评价方法说明：情况如上，也可建立相应的税收洛伦兹曲线和基尼系数。

（五）高耗能行业税收占比变动率

（1）设置目的：高耗能行业税收占总体税收的比重反映了产业结构调整的成效，也客观反映各地节能减排的效果，该比重下降，则说明产业结构和收入结构优化。

（2）计算公式：

$$高耗能行业税收占比 = \frac{六大高耗能行业税收收入}{地区总税收收入} \times 100\%$$

$$高耗能行业税收占比变动率 = \frac{报告期高耗能行业税收占比 - 基期占比}{基期占比} \times 100\%$$

（3）数据来源：税收统计报表。

（六）高新技术产业税收收入占比变动率

（1）设置目的：反映高新技术行业规模和成长性，该比重上升，说明产业结构和税源结构不断优化，税收收入质量提高。

（2）计算公式：

$$高新技术产业税收收入占税收收入总额比重 = \frac{高新技术产业税收收入}{税收收入总额} \times 100\%$$

$$高新技术产业税收占比变动率 = \frac{报告期高新技术产业税收收入占税收总额比重 - 基期占比}{基期高新技术产业税收收入占税收收入总额比重} \times 100\%$$

（3）数据来源：税收会统报表、重点税源监控系统和税收资料调查系统（目前条件下，取数比较困难，主要是国民经济行业分类中，没有专门高新技术行业的划分标准）。

（七）税收收入占财政收入比重变动率

（1）设置目的：反映税收收入对财政收入的贡献程度。如果该比重上升，说明税收收入对财政收入贡献增加，税制不断趋向科学和合理。

（2）计算公式：

$$税收收入占比 = \frac{税收收入}{财政收入} \times 100\%$$

$$税收收入占财政收入比重变动率 = \frac{报告期税收收入占财政收入比重 - 基期税收收入占财政收入比重}{基期税收收入占财政收入比重} \times 100\%$$

（3）数据来源：税收月度快报和财政收支报告①。

二、税收与经济协调程度的指标

（一）税收宏观税负变动率

（1）设置目的：宏观税负反映一定时期某地区经济总量所承担的税收负担，由于各地经济结构不同，宏观税负也存较大差异，因此，我们重点考察某地区宏观税负与上期相比的增减变化程度。总体看，宏观税负应该呈现稳定上升趋势。如该指标上升，说明经济和税收结构优化以及税收管理质量和效率提高，综合反映税收质量提高。

（2）计算公式：

$$地区税收宏观税负 = \frac{地区税收收入}{地区生产总值} \times 100\%$$

$$地区宏观税负变动率 = \frac{报告期宏观税负 - 基期宏观税负}{基期宏观税负} \times 100\%$$

（3）数据来源：税收月度快报、统计部门公布的数据②。

（二）税收弹性系数

（1）设置目的：税收弹性是税收增长率与经济增长率的比值，反映了经济变化对税收变化的影响以及税收与经济运行的协调性。如果该指标波动超出正常范围，则表明税收与经济的协调性较差。

（2）计算公式：

$$税收弹性系数 = \frac{税收收入增长率}{地区生产总值增长率}$$

（3）数据来源：税收月度快报、统计部门公布的数据。

（三）工业增值税弹性系数

（1）设置目的：通过工业增值税弹性分析反映工业税收与经济协调增长的情况。如果该指标波动超出正常范围，则表明税收与经济的协调性较差。

---

① 财政收入可以使用地方财政总收入和地方一般预算收入所对应的税收收入口径。

② 根据分析需要，对GDP、税收收入口径进行可比性调整，调整后的税收收入为税收收入扣除一产税收、海关代征进口税收和证券交易印花税；调整后GDP为GDP扣除一产增加值。

（2）计算公式：

工业增值税收入 = 入库工业增值税收入 − 调库收入 + 免抵资源

$$工业增值税弹性系数 = \frac{工业增值税税收增长率}{工业增加值现价增长率}$$

（3）数据来源：税收会统报表和出口退税管理系统、统计部门公布的数据。

（四）商业增值税弹性系数

（1）设置目的：通过商业增值税弹性系数对比分析反映商业税收与经济协调增长的情况。如果该指标波动超出正常范围，则表明税收与经济的协调性较差。

（2）计算公式：

$$商业增值税弹性系数 = \frac{批发零售增值税税收增长率}{社会消费品零售总额增长率}$$

（3）数据来源：税收月度快报、统计部门公布的数据。

（五）房地产业增值税弹性系数

（1）设置目的：通过房地产业增值税弹性系数对比分析反映房地产增值税收入与房地产行业协调发展的情况。如果该指标波动超出正常范围，则表明税收与经济的协调性较差。

（2）计算公式：

$$房地产增值税弹性系数 = \frac{房地产增值税税收增长率}{商品房销售额增长率}$$

（3）数据来源：税收月度快报、统计部门公布的数据。

（六）建筑业增值税弹性系数

（1）设置目的：通过建筑业增值税弹性系数对比分析反映建筑业增值税收入与建筑业协调发展的情况。如果该指标波动超出正常范围，则表明税收与经济的协调性较差。

（2）计算公式：

$$建筑业增值税弹性系数 = \frac{建筑业增值税税收增长率}{建筑业总产值增长率}$$

（3）数据来源：税收月度快报、统计部门公布的数据。

（七）服务业增值税弹性系数

（1）设置目的：通过服务业增值税弹性系数对比分析反映服务业增值税收入与服务业协调发展的情况。如果该指标波动超出正常范围，则表明税收与经济的协调性较差。

（2）计算公式：

$$服务业增值税弹性系数 = \frac{服务业增值税税收增长率}{服务业总产值增长率}$$

（3）数据来源：税收月度快报、统计部门公布的数据。

（八）工业企业所得税弹性系数

（1）设置目的：通过工业企业所得税弹性系数对比分析反映工业企业所得税收入与工业企业利润协调增长的情况。如果该指标波动超出正常范围，则表明税收与经济的协调性较差。

（2）计算公式：

$$工业企业所得税弹性系数 = \frac{工业企业所得税税收增长率}{工业企业利润增长率}$$

（3）数据来源：税收月度快报、统计部门公布的数据。

（九）企业增值税税负变动率

（1）设置目的：企业增值税税负反映纳税人一定时期内从事应税活动取得收入承担的增值税税收负担状况。企业增值税税负的变化，可以反映经济结构变化和税务机关征管效率的成果。如该指标持续稳定上升并保持在合理区间，则表明经济总量对税收收入的贡献率上升和税务机关征收效率的提高。在当前环境下，尤其是增值税实现税负和法定税负差距较大的情况下，我们认为微观企业增值税税负也应保持一个稳定向上的趋势。

（2）计算公式：

$$企业增值税税负 = \frac{\sum(企业申报应缴增值税 + 审核通过的免抵调库资源)}{\sum(按适用税率计征销售收入 + 免抵退计征销售收入)} \times 100\%$$

企业增值税税负变动率 =

（报告期企业增值税税负 - 基期企业增值税税负）/ 基期税负 × 100%

（3）数据来源：重点税源管理系统

（十）企业总税收收入负担变动率

（1）设置目的：企业总税收收入负担变动率反映纳税人一定时期内从事应税活动取得收入承担的全部税收负担状况。企业总体税负变化可以综合反映经济结构调整和税务机关征管能力状况。在当前环境下，我们认为企业总税收税负也应保持一个稳定向上的趋势。

（2）计算公式：

$$企业总税收收入负担 = \frac{\sum 企业缴纳全部税收}{\sum 主营业务收入} \times 100\%$$

$$企业总税收收入负担变动率 = \frac{报告期企业总税负 - 基期企业总税负}{基期企业总税负} \times 100\%$$

（3）数据来源：重点税源系统。

三、税收收入风险控制指标

（一）税收收入预测准确率

（1）设置目的：该指标反映某地区对税源的掌控和预测能力，计算该指标时要剔除免抵调库、海关代征和证券交易印花税等不可控制的收入数。

（2）计算公式：

$$税收预测准确率 = \frac{税收收入预计完成数}{税收收入实际完成数} \times 100\%$$

（3）数据来源：税收月度快报。

（二）新欠发生率

（1）设置目的：新欠发生率反映本年新欠占当年应征税金的比率。新欠发生率越低，说明当年应征税金中形成的欠税越少，税务部门内部的征管能力越高。

（2）计算公式：

$$新欠发生率 = \frac{当年新增欠税}{当年应征税款} \times 100\%$$

（3）数据来源：税收会统报表。

（三）往年陈欠清理率

（1）设置目的：往年陈欠清理率反映当年清缴以往年度欠税占全部以往年度欠税的比重。往年陈欠清理率越高，说明当年清缴过去的税金越多，税务部门内部征管控制能力越高。

（2）计算公式：

$$往年陈欠清理率 = \frac{当年清缴往年欠税}{全部以往年度欠税} \times 100\%$$

（3）数据来源：税收会统报表。

（四）缓征税款发生率

（1）设置目的：缓征税款发生率是指当年缓征税款占当年应征税金的比重。缓征率越高，税收风险越大。

（2）计算公式：

$$缓征税款发生率 = \frac{当年缓征税款}{当年应征税金} \times 100\%$$

（3）数据来源：税收会统报表。

（五）多缴税金余额变动率

（1）设置目的：运用多缴税金年度余额的增减变化情况，反映非即期收入的规模和变动情况。该指标下降，说明收入质量提高。

（2）计算公式：

$$多缴税金余额变动率 = \frac{本期多缴税金余额 - 基期多缴税金余额}{基期多缴税金余额} \times 100\%$$

（3）数据来源：税收会统报表。

（六）查补收入占税收收入总额比重

（1）设置目的：运用查补收入占税收收入总额比重，反映加强征管对税收收入总额的贡献情况。

（2）计算公式：

$$查补收入占税收收入总额比重 = \frac{查补收入}{税收收入总额} \times 100\%$$

（3）数据来源：税收月度快报。

（七）非正常入库税收发生次数

（1）设置目的：通过检查重点税源企业中，既有留抵税款又有入库收入以及整数倍入库的情况，反映企业入库情况是否正常。如果没有非正常入库税收发生，则表明企业入库没有异常，税收质量高。

（2）计算公式：直接计算次数。

（3）数据来源：重点税源监控系统。

（八）即征即退税款退税均衡率

（1）设置目的：通过资源综合利用退税和民政福利企业退税办理的情况，

反映各地在办理退税时，是否有不及时办理或在时间上分布不均衡的情况。如果退税额在时间上分布较均衡，说明税收质量较高。

（2）计算公式：

$$即征即退均衡增长指数=\frac{月度即征即退税款增幅标准差}{月度即征即退税款平均增长率}\times 100\%$$

$$月度即征即退税款增幅标准差=\sqrt{\frac{\sum_{i=1}^{12}(月度增幅_i-月度平均增幅)^2}{12}}$$

（3）数据来源：税收会计报表。

（九）月度税收收入均衡增长能力指数

（1）设置目的：地区税收收入增幅在一定时期内应保持一定的连贯性，避免出现大起大落的现象。该指标运用变异系数衡量各地区月度税收增长幅度的差异性，数值越小说明该地区税收稳定性强、税收质量相对较高。

（2）计算公式：使用标准差系数的计算方法计算该指标。计算某地区月度平均增幅可采取算术平均法和几何平均法，前者直接对12个月的税收增幅进行加总平均，后者将各月税收增幅连乘后开12次方。

$$收入均衡增长能力指数=\frac{月度税收收入增幅标准差}{月度税收收入平均增长率}\times 100\%$$

$$月度税收收入增幅标准差=\sqrt{\frac{\sum_{i=1}^{12}(月度增幅_i-月度平均增幅)^2}{12}}$$

（3）数据来源：税收月度快报。

第三节　税收指标体系的处理

一、数据的同度量处理

税收收入质量评价体系的指标选择工作完成后，因为各指标的状态和单位不同，需要将各项指标进行标准化或无量化处理。我们认为，根据不同的指标应当选取不同的标准化处理方法，从而避免个别指标由于地区间差异过大，对最终的得分产生决定性的影响。经过认真分析和筛选，主要采取以下四种方法：区间赋值法、相对化处理法、简单加权百分位数赋值方法和功效系数法。

（1）区间赋值法。针对已经计算出的指标数值，对其所处的不同区间直接赋值。如当 $x_1 \leqslant x \leqslant x_2$，得满分（即指标数值在某合理区间内，认为最合理）；而当 $x \leqslant x_1$ 或者 $x \geqslant x_2$，则按照超出比例相应扣减。

（2）相对化处理法。进行相对化处理，必须先对每个评价指标确定一个标准值，而后计算实际值与标准值之比。指标有“正”“逆”之分。所谓正指标，即指标数值越大越好的指标；所谓逆指标，即指标数值越小越好的指标。对正、逆指标的相对化处理公式如下。

正指标：　$x'_i = x_i / x_m$

逆指标：　$x'_i = x_m / x_i$

式中，$x'_i = x_m / x_i$ 为实际值；x_m 为标准值。标准值的选择需根据研究的目的确定。一般地，可以用参评单位某一时期的平均值或最优值作为标准值，也可以用经验或理论值、国外先进水平或历史最高水平、计划值或预期值等作为标准值。

（3）简单加权百分位数赋值法

首先，根据各个指标的内涵进行排序，越排在前面表明税收质量越高；接着，赋予其所在位次的百分位数值；最后，将所得数值相加构造一个综合得分函数，得分越高说明税收收入综合质量越高。

$$\mathrm{Score}_i = \sum_{i=1}^{n} x_i / n$$

式中，x_i 为指标的百分位数值；n 为指标体系所包含的指标数量；Score_i 为综合得分。

（4）功效系数法。功效系数法是利用多目标规划原理中的功效系数加以改进，进而得到综合评判的分数，它借助功效系数把确定要考核的各项指标值转化为可以度量的评判分数。

按功效系数法的一般原理，其模型为：

$$d_i = \frac{x_i - x_i^{(s)}}{x_i^{(h)} - x_i^{(s)}} \times 40 + 60$$

式中，x_i 为第 i 个指标实际值；$x_i^{(s)}$ 为第 i 个指标的不容许值；$x_i^{(h)}$ 为第 i 个指标的满意值；d_i 为第 i 个指标功效系数，其把指标值处于不容许状态看作及格状态，当某项指标值等于不容许值时，d_i 为 60 分。一般情况下，实际指标值在不容许值和满意值之间，所以 d_i 在 60 与 100 之间。

经过同度量处理后，每个指标的赋值都在 0~100 分之间。各方法的应用见表 6-1。

表 6-1　税收质量指标体系

一级指标	二级指标	三级指标	同度量方法
税收收入质量	税收收入结构优化度	税收收入产业结构系数变动率	功效系数法
		税收收入税种结构系数变动率	
		税收收入的行业集中度	区间赋值法
		税收收入的企业集中度	
		高耗能行业税收占比变动率	功效系数法
		高新技术产业税收收入占税收收入总额比重变动率	
		税收收入占财政收入比重变动率	
	税收与经济协调程度	税收宏观税负变动率	区间赋值法
		税收弹性系数	
		工业增值税弹性系数	
		商业增值税弹性系数	
		企业所得税弹性系数	
		企业增值税税负变动率	相对化处理
		企业总税收收入负担变动率	
	税收收入风险控制	税收收入预测准确率	相对化处理
		新欠发生率	
		往年陈欠清理率	
		缓征税款发生率	
		多缴税金余额变动率	
		查补收入占税收收入总额比重	
		非正常入库税收发生次数	简单加权百分位数赋值法
		即征即退税款退税均衡率	相对化处理
		地区月度税收收入均衡增长能力指数	

二、权重设置

指标权重的设置对最终结果关系密切，指标权重的确定方法主要有两类：一类是主观赋权法，根据各指标自身价值的重要性来确定指标的权重，聘请专家学者或者实务工作者进行量化打分，取分值的平均进行赋权，最后汇总；另一类是客观赋权法，根据各指标的实际观察值所提供的信息量大小来确定各指标的权重，比较典型的是主成分分析法，系统根据指标与数据间的内在联系自动生成权重，该权重在一定程度上减少了主观判断可能产生的误差，具有客观合理性。

采用主观赋权法和主成分分析法两种方法相结合设置指标权重，权重的分配比例为 3∶1。

（一）主观赋权法

根据各个指标对税收收入质量的重要程度，聘请专家学者或者实务工作者进行量化打分，取分值的平均进行赋权，见表 6-2，最后得分 = ∑ 权重×指标值得分。

表 6-2　主观赋权法赋权

二级指标	三级指标	权重
税收收入结构优化度	税收收入产业结构系数变动率	
	税收收入税种结构系数变动率	
	税收收入的行业集中度	
	税收收入的企业集中度	
	高耗能行业税收占比变动率	
	高新技术产业税收收入占税收收入总额比重变动率	
	税收收入占财政收入比重变动率	
税收与经济协调程度	税收宏观税负变动率	
	税收弹性系数	
	工业增值税弹性系数	
	商业增值税弹性系数	
	企业所得税弹性系数	
	企业增值税税负变动率	
	企业总税收收入负担变动率	
税收收入风险控制	税收收入预测准确率	
	新欠发生率	
	往年陈欠清理率	
	缓征税款发生率	
	多缴税金余额变动率	
	查补收入占税收收入总额比重	
	非正常入库税收发生次数	
	即征即退税款退税均衡率	
	地区月度税收收入均衡增长能力指数	

（二）客观赋权（主成分分析法）

1. 原理

主成分分析（principal components analysis，PCA）是一种通过降维来简化数据结构的方法，它把多个变量（指标）化为少数几个综合变量（综合指标），而这几个综合变量可以反映原来多个变量的大部分信息，其方差贡献率可确定为各指标的权数。由于方差贡献率是由数据的内部联系自动生成，因此在赋权上具有客观性。

2. 模型

$$\begin{cases} F_1 = A_{11}ZX_1 + A_{21}ZX_2 + \cdots + A_{n1}ZX_n \\ F_2 = A_{12}ZX_1 + A_{22}ZX_2 + \cdots + A_{n2}ZX_n \\ \vdots \\ F_n = A_{1m}ZX_1 + A_{2m}ZX_2 + \cdots + A_{nm}ZX_n \end{cases}$$

应用主成分分析进行赋权的主要步骤：

（1）进行指标数据标准化处理，以消除量纲不同的影响。

（2）求无量纲后的相关系数矩阵 $\boldsymbol{R}$，进行指标之间的相关性判定。

（3）求 $\boldsymbol{R}$ 的特征值、特征向量和贡献率。

（4）确定主成分的个数，本章按照特征值大于 1 以及累积贡献率（即主成分解释的方差占总体方差的比例）大于 85%的原则提取主成分因子。由于我们的研究框架涵盖所有指标，因此我们选择 100%提取因子。

（5）以因素的贡献率为权数对因素参数进行加权，获得综合指标计算公式。

三、评价指标的综合汇总

在确定评价指标的权数之后，可将经同度量处理后的变量值进行综合汇总。我们主要应用四种方法：总分评定法、加权平均综合法、最优值距离法和逼近理想值排序法。

（一）总分评定法

总分评定法是通过将变量值转化为分值，而后将各个评价对象的分支加总的方法。将变量值转化为分值，有多种记分方法。由于变量的计量尺度不同，对于不同计量层次的变量采用不同的记分方法。

（1）对于以定距尺度或定比尺度计量的评价指标，其计分方式可根据各评价指标的优劣排比，名次在前记高分，名次在后记低分。例如，采用的指标是动态指标，以报告期值对比基期值，采用五档计分。

（2）综合评判结果，把各指标的分加总，即得该评价对象的总分。

（二）加权平均综合法

该方法有两种形式，一种是加权算术平均形式，另一种是加权几何平均形式。

（1）基本公式。

$$加权算术平均综合值 = \sum_{i=1}^{n} K_i W_i / \sum_{i=1}^{n} W_i$$

给定评价指标体系由 n 个指标构成，$i=1, 2, 3, \cdots, n$，K_i 为已经过同度量处理的各项考核指标的相对值，W_i 为各项指标的权重，且 $W_1 + W_2 + \cdots + W_n = 100\%$。

（2）加权算术平均综合值 $= \sum w_i \sqrt{\prod_{i=1}^{n} K_i^{W_i}}$

给定评价指标体系由 n 个指标构成，$i=1, 2, 3, \cdots, n$，K_i 为已经过同度量处理的各项考核指标的相对值，W_i 为各项指标的权重，且 $W_1 + W_2 + \cdots + W_n = 100\%$。

（三）最优值距离法

最优值距离法是以各项评价指标的实际值与最优值（或标准值）之间距离的大小来衡量评价对象效益的高低。对评价指标体系中的各评价指标进行相对化处理后，运用距离法进行综合，其综合值反映了各评价指标与相应的最优值（或标准值）之间的距离。

第 j 个参评单位的距离综合值的计算公式如下：

$$S_j = \sqrt{(1 - x'_{1j})^2 w_1 + (1 - x'_{2j})^2 w_2 + \cdots + (1 - x'_{nj})^2 w_n}$$

式中，x_{ij}是经相对化处理后的变量值，$x_{ij} = x_{ij}/x_{i0}$；i 为第 i 个评价指标，$i=1, 2, 3, \cdots, n$；j 为第 j 个参评单位，$j=1, 2, 3, \cdots, m$。x_{ij} 为第 j 个参评单位的第 i 个评价指标的实际值，x_{i0} 为第 i 项指标的最优值或标准值，它们可以是全国的先进水平或历史的最高水平，也可以根据经济发展规划而确定。权数 w_i 是根据各项评价指标在社会再生产过程中的重要程度分别确定相应的权数。

S_j 值的含义：S_j 值越小，与最优值越接近，表明效益越佳；S_j 值越大，越远离最优值，表明效益越低。

注意：进行相对化处理时，对于正指标，以实际值对比标准值；对于逆指标，以标准值对比实际值。

（四）逼近理想值排序法（TOPSIS 法）

TOPSIS 法是一种逼近于理想解的排序法，该方法只要求各效用函数具有单调递增（或递减）性就行。TOPSIS 法是多目标决策分析中一种常用的有效方法，又称为优劣解距离法。

其基本原理是，通过检测评价对象与最优解、最劣解的距离来进行排序，若评价对象最靠近最优解同时又最远离最劣解，则为最好；否则为最差。其中，最优解的各指标值都达到各评价指标的最优值。最劣解的各指标值都达到各评价指标的最差值。

所谓理想解是一设想的最优的解（方案），它的各个属性值都达到各备选方案中的最好的值；而负理想解是一设想的最劣的解（方案），它的各个属性值都达到各备选方案中的最坏的值。方案排序的规则是把各备选方案与理想解和负理想解做比较，若其中有一个方案最接近理想解，而同时又远离负理想解，则该方案是备选方案中最好的方案。

四、稳定性检验

当综合评价后，根据前述四种方法（总分评定法、加权平均综合法、最优值距离法和逼近理想值排序法）得出的结果进行稳定性检验。如果某种方法运算出的结果更贴近经济现实，表明该种方法更可行，可考虑采纳；抑或综合考虑四种方法的平均值。

第四节　税收收入质量评价的要求

一、加强组织领导

税收收入质量评价工作是促进组织收入原则落实的重要举措，也是税收工作服务科学发展、服务各级党委、政府决策的重要抓手。各级税务部门要充分认识税收收入评价工作的重要意义，加强组织领导，建立健全组织机构，制定工作制度，保障评价工作顺利推行和健康运行。

二、建立工作机制

税收收入质量评价工作涉及面广，涵盖税务部门各主要业务流程和工作环节。各地要以收入规划核算部门为主、相关部门分工协作，建立评价发布—分析反馈—质量改进的机制，上级税务部门定期发布税收收入质量评价结果，下级税务部门根据评价结果，找差补缺，加强管理，不断提高收入质量。

三、优化评价体系

税收收入质量评价涉及的数据较多，口径复杂，数据质量会直接影响评价结果，各级税务部门要切实加强数据质量管理，选用科学的数理统计方法，确保税收收入质量评价结果客观、公正、合理，以更好地指导各级税务机关提高工作质量和效率。

四、深化结果应用

要根据评价结果，进一步分析本地区经济税源结构存在的突出问题，认真查找与其他地区和全国平均水平差异的原因，积极向地方党委政府建言献策，促进经济结构优化升级，确保税收收入的可持续增长。

第二篇

税收经济分析的实证研究

第七章 “营改增”政策效应分析

第一节 我国增值税和营业税发展历程

一、增值税发展历程

增值税是对销售货物或者提供加工、修理修配劳务以及进口货物的单位和个人就其实现的增值额征收的一个税种。自 1954 年法国成功实施增值税以来，世界上已有 165 个国家或地区实行了增值税或者类似税种。我国增值税从引进到发展经历了以下几个阶段。

（一）引进试点阶段（1979~1993 年）

改革开放后，为了解决工商税制与经济体制不相适应的问题，消除重复征税弊端，我国决定借鉴外国通行做法和实施经验，试行增值税。1979 年，相继选择襄樊、上海、柳州、长沙、株洲、青岛、沈阳、西安等城市进行增值税试点。在部分城市试点取得初步成功基础上，决定于 1983 年在全国范围对部分行业（主要是工业企业及其产品）试行增值税。1984 年，国务院根据第六届全国人大常委会第七次会议授权发布增值税条例（草案），财政部颁布了实施细则，标志着增值税制度初步建立。1986 年以后，结合增值税实施过程及其不足，决定进一步扩大增值税征收范围，同时规范征税办法，循序渐进推进增值税改革。随着试点改革不断深入，增值税收入稳步增长，从 1985 年 159. 28 亿元增加到 1989 年 429. 44 亿元；增值税占货劳税收入比重，从 1985 年的 16. 47%上升到 1989 年的 27. 49%。

（二）生产型增值税阶段（1994~2002 年）

1992 年，我国开始实行社会主义市场经济。与此相应，国务院决定建立分税制。作为分税制改革配套措施，工商税制进行了重大改革，增值税受到高度重视，成为主体税种。1993 年 12 月 13 日，国务院发布增值税暂行条例，增值税由试点改为在全国范围实施。1994 年 1 月 1 日，增值税作为主体税种正式运行。增值税征收范围为销售货物或者提供加工、修理修配劳务以及进口货物。基本税率为 17%，适用于销售或者进口货物以及提供加工、修理修配劳务；低档税率为 13%，适用于粮食和其他生活用品；对出口货物实行零税率。增值税纳税人分为一般纳税人和小规模纳税人，后者适用简易征收办法，按照销售额和征收率（商业为 4%，工业为 6%）计算应纳税额，不得抵扣进项税额。增值税作为筹集财政收入的重要工具，对税收收入的稳定增长发挥了重要作用，在税收收入总额中，占比一直保持 40%以上。

（三）初步转型阶段（2003~2011 年）

增值税的深化改革包括两方面内容：一是增值税转型；二是增值税扩围，即营业税改征增值税。

2003 年 10 月 5 日，中共中央、国务院印发《关于实施东北地区等老工业基地振兴战略的若干意见》（中发〔2003〕11 号），决定在东北地区“对装备制造业、石油化工业、冶金工业、船舶制造业、汽车制造业、高新技术产业、军品工业和农产品加工业等行业，允许新购进机器设备所含增值税税金予以抵扣”。随即，财政部和国家税务总局制定了实施办法，决定自 2004 年 7 月 1 日起在东北地区 8 个行业开始扩大增值税抵扣范围试点。

2003 年 10 月 14 日，中共十六届三中全会通过《关于完善社会主义市场经济体制若干问题的决定》，明确提出“增值税由生产型改为消费型，将设备投资纳入增值税抵扣范围”，将增值税转型改革提上了议事日程。

2007 年 7 月 1 日，国家决定将试点范围扩大到中部 6 省 26 个城市 8 个行业。2008 年 7 月 1 日，再将试点范围扩大到内蒙古自治区东部 5 个盟（市）和四川省汶川地震灾区。

2008 年 11 月 10 日，国务院修订并重新公布增值税暂行条例，自 2009 年 1 月 1 日起施行。增值税暂行条例将增值税实践中一些有用规范（包括税收规章、税收规范性文件、税收规定）吸收到行政法规之中，补充和完善了增值税制度，特别是允许所有一般纳税人抵扣新购设备进项税额、小规模纳税人征收率降低至 3%，等等，由此拉开了增值税制度性转型序幕。

（四）深化改革阶段（2012~2016）

2011 年 3 月 14 日，第十一届全国人民代表大会第四次会议通过《国民经济和社会发展第十二个五年规划纲要》，明确规定“扩大增值税征收范围，相应调减营业税等税收。”2011 年 5 月 28 日，国务院批转国家发改委关于 2011 年深化经济体制改革重点工作意见，提出“在部分生产性服务业领域推行增值税改革试点”。以上两种提法，实际上就是明确将在服务业领域征收增值税，以增值税覆盖原来营业税征收范围或者部分征收范围，取消或者部分取消营业税。

2012 年，我国开始分步实施“营改增”规划：第一步，在部分行业部分地区进行“营改增”试点。上海作为首个试点城市，于 2012 年 1 月 1 日率先启动“营改增”。2012 年 8 月 1 日至 2012 年年底已经完成了全国 9 个省（市）的试点推广工作。第二步，选择部分行业在全国范围内进行试点。自 2013 年 8 月 1 日起，将交通运输业和部分现代服务业“营改增”试点在全国范围内推开，适当扩大部分现代服务业范围，将广播影视服务业纳入试点范围；2014 年 1 月 1 日进行铁路运输业和邮政服务业“营改增”试点，同年 6 月 1 日进行电信业“营改增”试点。第三步，2016 年 5 月 1 日，中央审时度势，及时作出全面推开“营改增”的战略抉择，将建筑业、房地产业、金融业和生活服务业全部纳入“营改增”试点，与此同时增值税调整为中央与地方按 50∶50 比例分享，标志着我国基本建成了在世界范围内具有先导意义的现代增值税制度，在新中国税制中有着 66 年历史的营业税退出历史舞台。“营改增”全面扩围后，增值税制度对国民经济三次产业实现了全覆盖。几年来，建筑业、房地产业、金融业和生活服务业呈现出越来越好的发展态势，在促进企业减负、完善税制、经济转型等方面取得了积极成效。

二、营业税发展历程

营业税是对在我国境内提供应税劳务、转让无形资产或销售不动产的单位和个人所取得的营业征收的一种商品与劳务税。我国营业税的发展经历了以下几个阶段：

（一）包含于工商税收阶段（1950~1984 年）

新中国成立后，营业税是构成当时税收制度的主要税种之一。原政务院于 1950 年公布了《工商业税暂行条例》，规定凡在我国境内的工商营利事业，无论本国人或外国人经营，一律依法缴纳工商税。它是工商业营业税和所得税的总和。

1958 年税制改革时，将当时实行的货物税、商品流通税、印花税以及工商业税中的营业税部分，合并为工商统一税，不再征收营业税。1973 年全国试行工商税，将工商统一税并入其中。

（二）营业税税种独立阶段（1984~1994 年）

为适应经济发展的要求，改变税制过于简单的状况，充分发挥不同税种的特定作用，1984 年第二步利改税将工商税中的商业和服务业等行业划分出来单独征收营业税，并适当扩大了征税范围。营业税科目有 11 个，分别是商品零售、商业批发、交通运输、建筑安装、金融保险、邮政电信、出版事业、公用事业、娱乐业、服务业、临时经营。1988 年营业税税目中增设典当业。

（三）与增值税平行征收阶段（1994~2016. 5）

1994 年税制改革时，将营业税演变为对销售不动产、转让无形资产和从事各种服务业（除加工和修理修配征收增值税以外）而取得营业收入征收的一种税，不再对商品流转额征收营业税。共同适用于内外资企业，建立了统一规范的营业税制。

2009 年为了适应经济形式发展和增值税转型改革的需要，营业税暂行条例进行了修订，主要是调减了按照差额征收营业税的项目，同时明确了价格明显偏低的处理规定，规范了税扣缴义务人的规定，调整了部分营业税纳税地点，延长了营业税的申报缴纳期限。

纵观增值税、营业税实施与改革过程，可以发现，其与中国经济发展阶段相伴相生，与时偕行，扮演了重要角色。我国正式实行增值税伊始即采用了生产型增值税，原因在于 1993 年前后，中国正处于固定资产投资高峰时期，因投资过旺，导致通货膨胀势头凶猛，国民经济处于亟待调整阶段，增值税此时担当了宏观调控工具，在抑制投资、遏制通胀以及促进经济健康方面发挥了重要作用。在 2008 年国际金融危机的大背景下，国家相继出台了以增值税转型为主的一系列结构性减税措施，对于鼓励投资，增强企业发展后劲，提高中国企业竞争力和抗风险能力，克服国际金融危机对中国经济带来的不利影响具有十分重要的作用。1994 年分税制改革以来，我国实行增值税与营业税两大税种并存运行的税收制度，增值税由中央与地方按 75∶25 比例分享，营业税为地方税种，这种制度与我国当时经济发展水平和税收征管水平相适应。但是随着经济发展，两税并行所产生的重复征税、税负不均等弊端逐步凸显出来，改革势在必行。

三、“营改增”的发展阶段

我国实施“营改增”分为三个阶段：一是选择部分行业部分地区进行“营

改增”试点。上海于2012年1月1日率先启动“营改增”；2012年8月1日起，试点范围由上海市分批扩大至北京等8省市。二是选择部分行业在全国范围内进行试点。自2013年8月1日起，将交通运输业和部分现代服务业“营改增”试点在全国范围内推开，适当扩大部分现代服务业范围，将广播影视服务业纳入试点，并择机将铁路运输和邮电通信等行业纳入“营改增”试点。三是在2016年5月1日，“营改增”全面推开，范围扩大到建筑、房地产、金融、生活服务等四大行业。

第二节 增值税和营业税对地方政府收入的贡献——以辽宁省为例

自1994年税制改革以来，辽宁增值税和营业税税收收入分别以12%和8.8%的平均增速增长。除个别年度外，增、营两税收入占全省收入总量分别在40%和14%以上，增值税自1994年来占比一直在下滑，直到2013年“营改增”开始出现逐年提高趋势（2015~2017年占比分别为35.7%、41.8%、48.8%），相应营业税占比则逐年下降，2016年仅为6.6%。两税种23年来累计为国家贡献税收2.49万亿元，占17年税收收入总量的比重为51.4%。具体数据见表7-1。

按国家分税制管理体制，国内增值税收入在2016年5月之前中央和地方之间按75∶25比例分配（进口货物增值税属于中央收入），2016年5月之后分层比例按50∶50，营业税除铁道部、各银行总行、各保险总公司集中缴纳的部分归中央政府外，其余部分全部归属地方政府。在地方公共财政预算中还有中央财政对地方税收返还的隐性收入，即按本地区增值税和消费税增长率的1∶0.3系数确定返还额①。

由此看来，增、营两税对地方公共财政预算收入的贡献由三部分组成：来自增值税和营业税的直接收入，来自增值税的转移支付收入。2005年（“十五”末期）增、营两税为辽宁地方贡献415.1亿元，占地方公共财政预算收入的61.5%；2011年对地方贡献达到了951.1亿元；2017年增长到1070亿元，占地方公共财政预算收入回落到的44.8%。2005~2017年，增、营两税累计为地方贡献财政收入10605.7亿元②，占地方财政收入四成。

① 关于分税制财政管理体制税收返还政策为与本地区增值税和消费税增长率挂钩的通知（国发［1994］47号）。

② 财政部等四部局《关于实施成品油价格和税费改革有关预算管理问题的通知》（财预［2008］479号）规定，新增成品油消费税连同由此相应增加的增值税，城市维护建设税和教育附加不作为经常性财政收入，不计入对地方“两税”返还。

表 7-1　1994~2017 年辽宁增值税、营业税收入情况　　（亿元）

年份	税收收入	增值税	国内增值税	营业税	增值税占比/%	营业税占比/%
1994	263.1	159.7	143.3	41.6	60.7	15.8
1995	349.8	165.8	222.5	48.0	47.4	13.7
1996	379.3	174.5	234.2	56.2	46.0	14.8
1997	438.1	203.3	249.2	68.6	46.4	15.7
1998	470.0	210.1	265.5	78.7	44.7	16.7
1999	503.7	219.6	277.0	81.2	43.6	16.1
2000	584.3	257.1	323.8	89.8	44.0	15.4
2001	699.5	291.0	395.0	94.4	41.6	13.5
2002	654.6	310.7	299.9	109.7	47.5	16.8
2003	736.4	391.0	347.1	119.7	53.1	16.3
2004	881.7	439.6	388.6	141.7	49.9	16.1
2005	1058.6	517.0	455.1	164.7	48.8	15.6
2006	1238.4	572.2	499.2	205.4	46.2	16.6
2007	1559.9	682.3	599.0	252.0	43.7	16.2
2008	1883.4	861.8	694.2	304.0	45.8	16.1
2009	2540.5	816.2	677.1	363.9	32.1	14.3
2010	3312.5	1296.0	821.3	455.0	39.1	13.7
2011	3927.6	1473.7	914.4	556.3	37.5	14.2
2012	4818.2	1605.4	919.7	609.9	33.3	12.7
2013	4974.4	1601.1	977.7	651.8	32.2	13.1
2014	4769.2	1607.3	988.9	562.1	33.7	11.8
2015	3995.5	1425.3	953.7	471.5	35.7	11.8
2016	3996.9	1669.9	1188.6	265.3	41.8	6.6
2017	4388.3	2142.4	1547.1		48.8	

受到国家宏观经济政策影响和税收政策调整，增值税和营业税在地方公共预算收入中的比重在逐年下降，见表 7-2。

表 7-2　2005~2017 年辽宁增、营税收对地方的贡献　　（亿元）

年份	公共财政预算收入	两税对地方贡献	占比/%	其中：直接贡献	增值税基数返还
2005	675.3	415.1	61.5	278.5	136.7
2006	817.7	468.7	57.3	330.2	138.5
2007	1082.7	549.5	50.8	401.7	147.7

续表 7-2

年份	公共财政预算收入	两税对地方贡献	占比/%	其中：直接贡献	增值税基数返还
2008	1356.1	633.3	46.7	477.5	155.8
2009	1591.2	686.5	43.1	533.2	153.3
2010	2004.8	819.3	40.9	659.1	160.1
2011	2643.2	951.1	36.0	784.8	166.2
2012	3105.4	1009.5	32.5	839.8	169.7
2013	3343.8	1082.2	32.4	896.2	186.0
2014	3192.8	1010.4	31.6	809.4	201.0
2015	2127.4	904.0	42.5	710.0	194.0
2016	2200.5	1005.5	45.7	759.5	246.0
2017	2390.2	1070.6	44.8	773.6	297.0

第三节 营业税改征增值税政策效应评估

营业税改征增值税的经济效应，不仅体现为税负减轻对市场主体的激励，也显示出税制优化对生产方式的引导。相对而言，前者的作用更直观，后者的影响更深远。其效应传导的基本路径是：以消除重复征税为前提，以市场充分竞争为基础，通过深化产业分工与协作，推动产业结构、需求结构和就业结构不断优化，促进社会生产力水平相应提升。

一、效应原理

（1）在深化产业分工方面。营业税改征增值税既可以从根本上解决多环节经营活动面临的重复征税问题，推进现有营业税纳税人之间加深分工协作，也将从制度上使增值税抵扣链条贯穿于各个产业领域，消除目前增值税纳税人与营业税纳税人在税制上的隔离，促进各类纳税人之间开展分工协作。

（2）在优化产业结构方面。将现行适用于第三产业的营业税，改为实行增值税，更有利于第三产业随着分工细化而实现规模拓展和质量提升。同时，分工会加快生产和流通的专业化发展，推动技术进步与创新，增强经济增长的内生动力。

（3）在扩大国内需求方面。营业税改征增值税消除了重复征税，对投资者而言，将减轻其用于经营性或资本性投入的中间产品和劳务的税收负担，相当于降低投入成本，增加投资者剩余，有利于扩大投资需求；对生产者和消费者而言，在生产和流通环节消除重复征税因素后，商品和劳务价格中的税额减少，可以相应增加生产者和消费者剩余，有利于扩大有效供给和消费需求。

（4）在改善外贸出口方面。营业税改征增值税将实现出口退税由货物贸易向服务贸易领域延伸，形成出口退税宽化效应，增强服务贸易的国际竞争力；货物出口也将因外购生产性劳务所含税款可以纳入抵扣范围，形成出口退税深化效应，有助于进一步拓展货物出口的市场空间。

（5）在促进社会就业方面。以服务业为主的第三产业容纳的就业人群要超过以制造业为主的第二产业，营业税改征增值税带来的产业结构优化效应，将对就业岗位的增加产生结构性影响；随着由于消除重复征税因素带动的投资和消费需求的扩大，将相应带来产出拉动型就业增长。

作为深化财税体制改革的“重头戏”，“营改增”具有谋一域促全局的功效，也是推进供给侧改革的重要举措，对拉动经济发展、促进经济转型升级、完善我国财税体制意义重大、影响深远。

二、税负变动情况

（一）测算方法

税负变动=“营改增”后的增值税税负-原营业税税负。

式中，“营改增”后的增值税税负，根据“营改增”纳税人实际增值税销售额税负计算；原营业税税负，按照原营业税税目平均税负标准测算。

为具有可比性，在计算原营业税税负时，需要将税基调整为不含税收入。税负变动为负值，表明该“营改增”纳税人税负降低；反之提高。对每个纳税人按照所属行业进行汇总，即可得到该行业税负上升的户数和税负降低的户数，以及该行业整体税负变动情况。

（二）测算结果

从2016年5月至2017年4月“营改增”1个完整年度内，辽宁四行业增值税平均应纳税负率为3.59%，较原营业税税负率降低0.74%，减负率达17%。其中，建筑业、房地产业和金融业增值税应纳税负率分别为2.97%、3.36%和4.83%，较原营业税税负率分别降低0.03%、1.64%和0.07%；生活服务业增值税应纳税负率为2.81%，住宿、餐饮、教育、卫生、文化、体育、居民服务等各行业，尤其是娱乐业，均较原营业税税负率显著降低。具体数据见表7-3。

表7-3 四行业“营改增”税负率变动情况 （%）

行业	营业税税率	增值税应纳税负		
		1年平均	2016年5~12月	2017年1~4月
建筑业	3	2.97	2.86	3.34
房地产业	5	3.36	3.30	3.54

续表 7-3

行业	营业税税率	增值税应纳税负		
		1 年平均	2016 年 5~12 月	2017 年 1~4 月
金融业	5	4.83	4.94	4.07
生活服务业	3/5(娱乐 5~20)	2.81	2.74	3.01
合计		3.59	3.62	3.49

三、税收增减情况

（一）测算方法

税收减收额=“营改增”政策降低纳税人负担带来的税收减收-“营改增”政策实施带来的税收增收。

式中，“营改增”政策降低纳税人税收负担带来的税收减收=“营改增”纳税人总体税负降低带来的税收减收+原增值税一般纳税人增加抵扣带来的税收减收。“营改增”政策实施带来的税收增收=“营改增”政策红利带来的税收增收+流失率降低带来的税收增收。

（二）测算结果

截至 2016 年底，试点行业累计征收增值税 446.5 亿元，直接减税 187.5 亿元，减税幅度 29.6%。其中“3+7”行业共征收增值税 245.5 亿元，据“营改增”初期数据测算，与原营业税相比，试点企业累计减税 115.5 亿元，减税幅度 32%。沈阳市“3+7”行业增值税收入占全省的 30%，大连市占 31%[①]。四大行业共征收增值税 201 亿元，与原营业税相比，试点企业累计减税 72 亿元，减税幅度 26.4%。其中沈阳市四大行业增值税收入占全省的 30%，大连市占 29%[②]。

四、对地方财力影响情况

（1）“营改增”减税减少地方财力。“营改增”后，试点行业的减税效应和原工商业纳税人新增抵扣的因素，有效降低了纳税人的税收负担，相应地减少了纳税人应纳税额，对地方财力造成了影响。2016 年减少地方财力 141.1 亿元，拉低全省财政收入增幅 6.6 个百分点。

（2）增值税“五五分成”小幅受益。按照“营改增”过渡方案的相关政策，

① “3+7”行业包括交通运输业、部分现代服务业、广播影视服务业、铁路运输业、邮政业和电信业。数据为 2013 年 8 月至 2016 年 12 月期间累计数。

② 四个行业包括建筑业、房地产业、金融业、生活服务业。数据为当年 5 月至 12 月累计数。

增值税“五五分成”和取消成品油消费税2.3%地方收入上划中央，将小幅增加辽宁省财政收入，2016年增加地方财力26.2亿元。其中，“五五分成”全年增加地方财力19.9亿元，取消上划增加地方财力6.3亿元。

从全国情况看，2016年5~11月，“五五分成”共减少地方收入共541.7亿元，其中11个地区增加，20个地区减少。在地方收入增加的地区中，苏、粤、浙、鲁排在全国前4位，江苏省增加地方收入超过100亿元，辽宁省地方收入增加11.3亿元，排在全国第8位。从减少地区看，京、沪受分配比例调整影响最大，减少地方收入达288.4亿元和145.9亿元。

五、“营改增”政策红利分析

以下采用2013年8月1日“营改增”试点在全国范围推行后的完整年度，即2014年和2015年数据，结合2016年5月1日全面推开“营改增”试点的前后数据进行分析。

（一）“营改增”促进企业降成本

服务、商品和劳动力的价值及其所含税费是试点企业购买支出的主要组成部分。根据企业成本核算原则，“营改增”前，除了服务、商品、劳动力和固定资产折旧，以及商品和服务所附加的资源税、契税、房产税等等价内税计入成本外，作为价内税的营业税和不能抵扣的增值税也都核算在成本中。“营改增”后，试点企业转为增值税纳税人，外购服务所含的价内的营业税改为价外的增值税，不再计入成本；外购商品所征收的增值税可以抵扣，不再计入成本。也就是说，在其他条件不变情况下，“营改增”使试点企业成本减少额度基本相当于改征的营业税与原增值税进项税额之和。

按照上述“营改增”降成本的基本原理，随着“营改增”的逐步推进，降成本的额度也在逐渐扩大。从全国增值税发票数据测算情况看：

（1）原增值税行业生产成本近两年来累计下降0.04%。2014年、2015年，原增值税行业生产成本降低额度每年近1000亿元，降低幅度分别为0.03%、0.04%。2016年1~4月降成本幅度为0.04%，与2015年水平一致。全面推开“营改增”后，四大行业纳入了“营改增”试点，进一步增加了原增值税行业可抵扣的项目，2016年5~10月原增值税行业降低成本557亿元，降成本幅度提高至0.06%。

（2）“3+7”行业“营改增”后经营成本累计下降6.3%。“3+7”行业2014年、2015年降成本额度分别为6761亿元和7734亿元，降成本幅度为6.4%和6.2%。全面“营改增”后，降成本幅度进一步加大，2016年5~10月降低成本4754亿元，幅度提高至6.8%。

(3) 四大行业“营改增”后经营成本累计下降6.1%。全面“营改增”后,2016年5~10月,四大行业共计降低成本2696亿元,下降幅度为6.1%。“营改增”政策红利降低了企业的生产成本、提高了利润空间,在部分供给过剩的行业中,势必采取降低价格等手段,将部分利润让渡给购买方,从而惠及更多企业和消费者。

辽宁情况:2016年辽宁规模以上工业企业降成本明显,每百元主营业务收入成本为85.33元,同比减少1.51元,下降1.73个百分点,其中既有工业采购价格下降的原因,也有企业税收成本的降低。

(二)“营改增”促进固定资产投资增加

“营改增”以来,试点地区服务业纳税人购进固定资产税额可以进行抵扣,企业扩大再生产以及更新设备的支出减少,投资成本降低,刺激了投资需求的增长,产业结构转型动能增强。

以纳税人购进设备等动产的支出视为固定资产动产投资总量,以此来比较原增值税行业与“3+7”行业的投资变化,如图7-1所示。根据全国增值税发票相关数据测算结果如下:

从动产投资规模看,原增值税行业2015年购进动产126076亿元,月均10506亿元,2016年1~10月购进动产102790亿元,月均10279亿元,比2015年的月均水平下降2.2%。“3+7”行业2015年购进动产10281亿元,月均857亿元,2016年1~10月购进动产8945亿元,月均895亿元,比2015年的月均水平增长4.4%,月均投资规模的变动趋势好于原增值税行业。

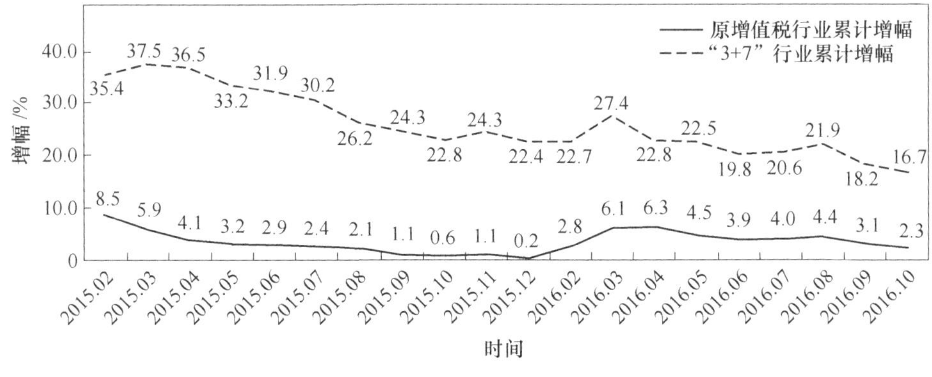

图7-1 固定资产动产投资累计增幅

从动产投资增速看,2015年至2016年10月,“3+7”行业购进动产投资增速始终高于原增值税行业。其中,2015年“3+7”行业同比增长22.4%,高于原增值税行业22.2个百分点;2016年1~10月,“3+7”行业同比增长16.7%,高于原增值税行业 14.4 个百分点。

全面“营改增”后，不动产纳入了抵扣范围，投资规模迅速扩大，由 5 月的 1782 亿元，扩大至 10 月的 4002 亿元。不动产占固定资产总投资的比重由 5 月的 13.3%，提高到 10 月的 25.7%。其中，原增值税行业不动产投资比重由 5 月的 8.2%，至下半年稳定在 14%以上。“3+7”行业由 5 月的 27.6%，至下半年稳定在 50.5%的水平。四大行业由 5 月的 49.8%，提高至 10 月的 66.3%，建筑业、房地产业购进的不动产比重最高，10 月占比分别为 65.0%和 75.9%，见表 7-4。

表 7-4 固定资产不动产投资占比 (%)

月份	原增值税行业	“3+7”行业	四大行业	其中：	
				建筑业	房地产业
2016 年 5 月	8.2	27.6	49.8	40.2	73.6
2016 年 6 月	12.9	42.8	60.0	51.5	74.0
2016 年 7 月	14.1	42.6	63.5	62.2	71.9
2016 年 8 月	14.3	51.8	67.3	64.5	77.7
2016 年 9 月	14.2	49.6	65.8	64.1	76.0
2016 年 10 月	14.8	50.5	66.3	65.0	75.9

数据来源：增值税专用发票进项金额整理。

以“3+7”行业为代表的服务业纳税人固定资产投资的增加，有效拉动了全社会固定资产投资的增长，促进了产业结构的优化升级。

辽宁情况：2016 年 1~4 月，辽宁省原工商业纳税人固定资产进项税额下降 15.5%，而“3+7”行业固定资产进项税额同比增长近 1 倍。全面“营改增”后，不动产纳入抵扣范围，进一步加速了设备和厂房升级改造速度。2016 年 5~11 月，全省固定资产进项税额月均实现 289.5 亿元，与前 4 个月 17.8 亿元的月均水平相比，实现大幅增长。新增的“营改增”四大行业，固定资产进项税额也由 5 月试点初期的百万元水平，至 11 月达到 11.9 亿元的规模。

（三）有利于市场专业化分工，促进优势产业做大做强

（1）市场专业分工细化程度不断提高。从全国情况看，根据增值税纳税户数情况统计，自 2013 年 8 月在全国范围推行“营改增”试点以来，“3+7”行业一般纳税人纳税户数实现较快增长。2014 年“3+7”行业纳税户数比上年增长 46.7%，高于全国平均水平 34.7 个百分点，高于原增值税行业 37.3 个百分点；2015 年“3+7”行业纳税户数比上年增长 33.0%，高于全国平均水平 25.6 个百分点，高于原增值税行业 28.1 个百分点。其中，商务服务业、科学

研究和技术服务业增长势头最为明显。2014 年和 2015 年，商务服务业纳税户数分别增长 29.7%和 52.4%，科学研究和技术服务业纳税户数分别增长 58.6%和 48.0%。

从辽宁情况看，增值税对货物和服务全覆盖后，服务业与二产业之间的融合度提高，促进了生产性服务业的发展。从 2013 年 8 月至 2016 年 12 月底，现代服务业纳税人从 5.2 万户增加到 16 万户。2016 年交通运输、仓储和邮政业增长 9.3%，软件和信息技术服务业增长 31.6%，商务服务业增长 59.8%，科学研究和技术服务业增长 20.7%。这些服务行业的良好发展势头，不仅改善了服务业内部结构，更促进了全省产业结构的优化，形成全省经济增长的新动力。

（2）"营改增"加强了地区间服务贸易往来，促进了服务业的快速发展，有利于充分发挥地区之间产业比较优势，进一步做大做强优势产业。

从"3+7"行业增值税专用发票显示的销售收入和购进金额情况看，东部地区试点行业体量最大，2014 年、2015 年实现销售收入 28127 亿元和 31844 亿元，同时购进金额最多，分别为 27104 亿元和 31073 亿元，净流出 1023 亿元和 771 亿元，属于服务输出地区。中部地区销售与购进金额均在 5000 亿元以上，2014 年、2015 年净流出 236 亿元和 485 亿元，服务输出规模要小于东部地区，主要依靠交通运输服务输出。西部地区销售与购进金额均在 6000 亿以上，2014 年、2015 年净流入 646 亿元和 755 亿元，属于服务流入地区。东北地区服务业基础最为薄弱，销售与购进规模在 2000 亿元左右，2014 年、2015 年净流入 353 亿元和 423 亿元，属于服务流入地区。

（3）从"营改增"政策的实施对地区产业影响看，东部地区凭借服务业优势，规模经济效益扩大，有利于推进服务业的专业化发展，进一步做大做强服务业。中部地区利用自身区位优势，以交通运输业带动服务业发展，加快了产业转型升级的速度。西部地区和东北地区通过外购优质服务可以降低工业生产成本，提高工业利润水平，为工业结构的优化升级奠定了基础。由于各地区产业结构的差异，此次税制改革一定程度上造成了税收在地区之间的转移，不利于服务业相对落后地区的财力增长。

"营改增"加快了辽宁经济由传统制造业向服务型制造业的转型升级速度，外销服务比重增加，与京沪两地往来密切。从增值税专用发票销售收入情况看，辽宁省对外输出服务的比重不断增加。2014 年"3+7"行业对外省区提供服务收入占全部试点行业的 39.2%，2015 年提高至 41.1%，2016 年 1~10 月达到 46.3%，比重连续提高。

（4）从服务贸易省际间往来对象看，辽宁服务贸易与京、沪两地活动最为频繁。2015 年，辽宁"3+7"行业向北京、上海输出的服务收入占比分别为

8.9%和6.8%，内蒙古（3.8%）、广东（3.1%）、江苏（2.3%）、河北（2.2%）紧随其后。2016年，全省“3+7”行业主要输出地区比重分别为北京7.1%、上海6.3%、广东3.2%、内蒙古3.0%、江苏1.9%、河北1.5%。

（四）减税拉动经济增长，促进就业改善民生

根据凯恩斯的税收乘数理论，税收变动与国民收入呈反向变化，由三部门经济推导出税收乘数为 $K_t = \Delta Y/\Delta T = -b/(1-b)$，其中 b 为边际消费倾向。通过对1994年至2012年全省人均可支配收入与人均生活性消费支出数据做线性回归分析，得出辽宁省居民边际消费倾向为0.7067，辽宁税收乘数约为2.41倍左右。按照2016年“营改增”试点行业减税112.7亿元测算，理论拉动全省地区生产总值增长0.9个百分点。按照2017年“营改增”试点行业减税225.3亿元测算，理论拉动全省地区生产总值增长1.4个百分点。

根据生产总值与就业人员之间的非线性函数关系，对1994年至2012年全省GDP与就业人员情况进行回归分析，回归结果为 $\ln L = 6.913 + 0.084\ln Y$，即辽宁GDP对就业弹性约为0.084。按照“营改增”减税拉动全省GDP增长情况和2016年末就业人员数量测算，理论上此次减税新增全省就业岗位1.9万个。

（五）规范增值税税收管理，促进纳税公平

（1）试点行业购进税额激增。“营改增”后，试点行业纳税人外购商品纳入了抵扣范围，消除了重复征税。全面“营改增”后，四大行业纳税人外购商品的进项税额保持较快增长速度，月均增长5.7%。

（2）原增值税直接收入①加速增长。“营改增”打通了增值税抵扣链条，加强了上下游企业之间的相互监督，试点纳税人要想取得购买货物或劳务已付税款的抵扣权，必须选择能开具专用发票的正规供应商，倒逼企业规范发展，降低了收入藏匿空间。以建筑业为例，建筑业一种常见形式是挂靠，“营改增”前许多挂靠单位购买材料不要发票，材料采购价格较低。“营改增”后若不开具增值税专用发票，被挂靠单位就不能获得抵扣收益，税负就会提高。如果开具增值税专用发票，必须有真实的交易，材料供应商往往会提高供货价格，挂靠单位利润将大幅减少，在一定程度上打击了挂靠行为，促进建筑行业健康有序发展。

全面“营改增”后，在经济运行总体平稳的情况下，2016下半年以来原增值税直接收入增速加快，7~10月当月分别增长9.6%、10.3%、7.3%和10.2%，累计增幅也由上半年的1.5%，提高至10月的4.6%，回升明显。

---

① 指不含“营改增”、免抵调库的国内增值税收入。

第四节 深化改革建议

全面推开“营改增”既是当前大力推进供给侧结构性改革的战略举措，又是立足长远打造增长友好型税收体系的重大实践，彰显了中国推进国家治理体系和治理能力现代化的决心和成效，但未来深化改革任务仍较艰巨。为此，提出以下改革建议。

（1）进一步规范增值税制度，深化增值税改革措施，减轻市场主体税负。应当指出的是，营业税改征增值税后，增值税制度本身仍有待继续完善和规范。需要进一步完善出口退税机制，研究将现行增值税起征点的适用范围由个体工商户扩大到小微企业，适度减少增值税税率档次，探索建立留抵税额退税等制度，使增值税在广度和深度上与国际普遍适用的制度安排更加接轨，为制造业和服务业企业参与国际市场竞争创造更为有利的税制环境。

现行服务业“营改增”所设计的增值税，在制度上同现行的工商业增值税存在较大差异，主要体现在区别对待政策、差异化税率结构、按多重免税优惠等方面。现行制度设计考虑到服务业增值率高、可抵扣项目少、不同行业增值率差异大等特点，同时要确保每个行业减税要求，这虽有利于改革平稳过渡，但与中性、规范的增值税要求有较大差距。从未来发展看，需在全面推开“营改增”基础上，针对增值税改革中不规范、偏离中性之处，调整税率结构，控制税收优惠政策，建立规范的增值税制度。我国增值税税率档次可以适当简并为两档税率，同时根据当前全球贸易受阻、减税趋势不断增强以及国家财政收入等情况，可考虑逐步继续调低税率水平，不仅避免出现高征低扣和低征高扣的问题，使增值税税负在价值链条中均匀分配，同时为我国企业提高国际竞争力提供支持。

适时考虑适当降低小规模纳税人征收率。对小规模纳税人实行简易征收办法，有促进其规范财务核算的考虑，但也造成了税负偏高的现实问题。建议对小规模纳税人征收率进一步细分，如对采掘业、制造业、商业分别实行3%、2%、1%的征收率，体现税负负担的纵向公平。

（2）强化后“营改增”时代税收征管，为地方经济稳增长提供保障。国地税结构合并为进一步深化税收改革奠定了基础，有利于新时期税务部门整合资源、统一标准和规范管理。

一是税务部门应运用大数据开展税收风险管理，打造良好的税收环境。进一步加大纳税服务力度，切实有效降低纳税人税收成本，打造良好的营商环境。二是在国地税结构合并后，要转变税收管理员职责，优化人力资源，加大基层税务部门征管人员的比重，构建分类分级管理体系，将有限的征管资源配置于税收风险高或税收集中度高的纳税人，提升税收征管效能。针对辽宁省税收集中度高、行业分布较为广泛的特点，以“规模+行业”为主，兼顾特定业务、纳税人存续期等维度分类税源，开展动态分类、差异化管理和服务。三是进一步发挥税收的“晴雨表”功能，从税收角度能够直接有效反映经济运行状况，各级政府要高度重视，要牵头组建税收数据平台，整合各部门掌握的涉税数据，建立定期交换机制，同时为保障税务部门获取更多数据，应出台税收保障管理办法，从制度层面支持税收征管工作。四是进一步发挥税收优惠杠杆作用，大力撬动经济发展。在经济新常态下，税收优惠杠杆要配合供给侧改革，进一步发挥降成本、促发展的作用。进一步考虑税收优惠的目标与要求，准确把握不同行业、不同类型企业活动的特点与性质，特别是区分政府目标与企业目标的差异性，精准施策、精准发力，制定更为科学与精细的优惠措施，实施更为精确有效的税收优惠。如进一步扩大如固定资产加速折旧、企业投资额按比例抵减当期税额政策等间接优惠方式，进一步鼓励投资，强化各项税收优惠的深度及广度，在提升劳动生产率、小微企业减免力度等方面不断完善优惠政策，缩小企业期望值和优惠目标间的差距，让税收杠杆在经济发展中发挥更大的作用。

（3）深化专业分工、提高创新效率的激励和引导效应。“营改增”之前，许多制造业企业基于外购技术的营业税负担问题，不愿意将研发环节从本企业分离。“营改增”之后，由于外购研发技术负担的增值税可以抵扣，一些生产制造企业向外分离研发设计等业务的意愿越来越强，因此促进了企业分工细化和技术进步。

辽宁省应抓住“营改增”改革契机，积极宣传引导企业充分利用现有政策，推行主辅分离，推进专业化分工。以装备制造、石化、冶金等传统支柱产业为核心，加快产品结构的调整和升级，在此基础上，促进制造业企业向服务业延伸，实现产业结构逐渐由工业主导向服务业主导的转变。进一步加大对研发、信息、科技方面的投入，科技创新具有乘数效应，不仅可以直接转化为现实生产力，而且可以通过科技的渗透作用放大各生产要素的生产力，提高社会整体生产力水平。加强服务业与制造业的互动与融合，在推动制造业产业升级的过程中不断深化发展生产性服务业，在服务业与制造业的融合发展中寻求新的经济增长点。

（4）促服务业发展，增加地方财力。近年来，服务业发展成为辽宁省经济增长的新亮点，我们应该以“营改增”为契机，全面提升现代商贸、居民服务、健康养老和房地产等直接满足物质生活需求的传统服务业；重点发展现代物流、技术服务、金融和商务服务等为制造业配套的生产服务业；大力培育信息、文化、体育和旅游等关联度大的新兴服务业，改善经济发展结构，促进经济财政收入增长。

（5）进一步落实“放管服”，优化营商环境。一是进一步清理规范政府性收费项目，让企业轻装前行。政府性基金的设立多数是为了满足特定支出需要，但也出现了项目多、标准高、搭便车、乱收费的现象，给企业特别是小微企业带来了一定负担。近年来，中央有关部门采取了不少措施减少收费项目、降低收费标准，但从企业普遍反映看，落实力度有待加强。二是重点提高县乡区域内的企业以及小微企业办事难问题。目前看，整体上各级政府在不断提升服务质量和管理水平，企业满意度在不断提高，但部分县区乡镇尤其是服务意识不强、财政困难较大的地区，还存在办事拖拉、不合理收费、管理简单粗暴等现象和行为。

（6）培育具有竞争力的现代服务企业集团。从辽宁省现代服务业销售收入分析，年销售额前50位的近半数是事业单位、科研院所，跨地区、跨行业、集团化发展的企业数量屈指可数。受企业规模小、经营范围窄的束缚，造成企业很难发展为独具竞争优势、主导产品突出的大型企业集团。为此，建议在资金扶持、项目审批、企业重组等方面给予配套支持政策，支持企业加速发展，不断提高专业化分工和社会化生产程度，充分利用“营改增”政策做大做强。

（7）提升企业品牌和服务质量，增加出口和跨境贸易。营业税改征增值税后，出口退税宽化和出口退税深化的制度效应得到了体现。在宽化效应方面，国际运输和研发设计被纳入出口零税率范围，推动了这类服务以不含税价格参与国际市场竞争；在深化效应方面，出口货物接受试点纳税人提供交通运输和部分现代服务业劳务所负担的进项税额可以得到退还，增强了这类货物出口的竞争力。

调查了解到，辽宁有跨境减免税业务发生的物流辅助服务业和国际运输业的企业数量少、减免税额度小（2016年20户、600万元）。这一方面说明辽宁“营改增”企业参与国际竞争的程度不够，另一方面也说明我们的产品和服务缺乏创新力，产品和服务质量有待提高。建议应发挥企业在市场经济中的主体地位，充分调动企业的积极性，进一步吸纳国外的先进理念和技术，突出企业的二次创新，同时重视提升产品品牌、质量以及售后服务，进一步增强产品的国际竞争力。要根据现代服务业企业实际，给予配套支持政策，鼓励企业大力发展跨境贸易。

第五节 “营改增”降成本测算

一、“营改增”降成本测算方法及基本原理

服务、商品和劳动力的价值及其所含税费是试点企业购买支出的主要组成部分。根据企业成本核算原则，“营改增”前，除了服务、商品、劳动力和固定资产折旧，以及商品和服务所附加的资源税、契税、房产税等等价内税计入成本外，作为价内税的营业税和不能抵扣的增值税也都核算在成本中，如图7-2所示。

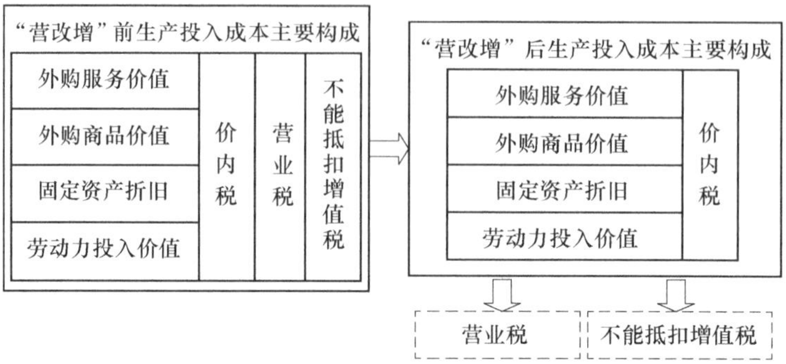

图 7-2　"营改增"降试点企业成本原理示意图

"营改增"后，试点企业转为增值税纳税人，外购服务所含的价内的营业税改为价外的增值税，不再计入成本；购进的商品所征收的增值税也可以抵扣，不再计入成本。也就是说，在其他条件不变情况下，"营改增"使试点企业成本减少额度基本相当于改征的营业税与原增值税进项税额之和。

二、"营改增"降成本的测算方法

按照"营改增"进度情况，测算时段分为"3+7"行业时期的 2014 年、2015 年和 2016 年 1~4 月，以及全面"营改增"后的 2016 年 5~10 月。

（一）降成本额度测算方法

根据增值税专用发票和货运专票数据，按照行业类别将购买方分为原增值税行业、"3+7"行业和四大行业。按照购进品名称（能源、原材料、服务、动产、不动产）及相关税率，结合"营改增"进度，整理出不同时间段购进的金额和税额。对于"营改增"前征收营业税的服务和不动产等，按照购进金额与原营业税税率测算营业税额，视为降成本额度；对于"营改增"前不得抵扣的增值税额，将购进能源、原材料、动产、不动产等进项税额作为降成本额度。

（二）行业总成本测算方法

根据 2012 年全国投入产出表，加工整理出两类测算行业的直接消耗系数：一是测算行业对原增值税行业和"3+7"行业的直接消耗系数，适用于 2014 年至 2016 年 4 月的"3+7"行业"营改增"试点期间。二是测算行业对全部行业的直接消耗系数，适用于 2016 年 5~10 月全面"营改增"期间。

通过增值税发票数据，用外购的能源、原材料、服务、动产的金额与第一类直接消耗系数的关系，测算 2014 年、2015 年、2016 年 1~4 月的行业总成本。用全部外购产品和服务的金额与第二类直接消耗系数的关系，测算 2016 年 5~10 月行业总成本。

严格地说，在测算行业总成本过程中需要考虑固定资产折旧的影响。由于设备、不动产等固定资产折旧年限不同，又有加速折旧等政策因素影响，加上增值税发票数据信息量有限，因此测算过程中暂未考虑。

（三）降成本幅度测算方法

即将“营改增”后的行业总成本与降成本额度之和，视为“营改增”前行业总成本，以此为基础计算“营改增”后的降成本幅度。

三、“营改增”降成本的测算结果

（1）原增值税行业生产成本近两年来累计下降 0.04%。“营改增”后，原增值税行业可抵扣项目增加，原购买的征收营业税的服务，随着“营改增”行业试点不断扩大，降成本额度应等于可以抵扣的增值税对应的营业税额。

按照上述理论和方法，通过原增值税行业专用发票和货运专票数据测算，原增值税行业降成本情况如表 7-5 所示。

表 7-5 原增值税行业降成本情况

行业	2014 年		2015 年		2016 年 1~4 月		2016 年 5~10 月	
	额度/亿元	幅度/%	额度/亿元	幅度/%	额度/亿元	幅度/%	额度/亿元	幅度/%
原增值税行业合计	985	0.03	964	0.04	297	0.04	557	0.06
农、林、牧、渔业	6	0.07	6	0.07	1	0.05	3	0.11
采矿业	51	0.14	47	0.17	11	0.17	27	0.27
制造业	499	0.10	472	0.10	146	0.10	263	0.12
电力、热力、燃气及水生产和供应业	58	0.09	58	0.09	14	0.08	51	0.19
批发和零售业	371	0.02	382	0.02	124	0.02	213	0.03

数据来源：增值税专用发票和货运专票购进数据，以及 2012 年投入产出表加工整理。

2014 年、2015 年，原增值税行业生产成本降低额度每年近 1000 亿元，降低幅度分别为 0.03%、0.04%。今年 1~4 月降成本幅度为 0.04%，与 2015 年水平一致。5 月 1 日全面推开“营改增”后，四大行业纳入了“营改增”试点，进一步增加了原增值税行业可抵扣的项目，今年 5~10 月原增值税行业降低成本 557 亿元，降成本幅度提高至 0.06%。

（2）“3+7”行业“营改增”后经营成本累计下降 6.3%。对“3+7”行业来说，购进的商品或服务中，“营改增”前征收增值税的商品，降成本额度应等于可以抵扣的增值税额；对于“营改增”前征收营业税的服务，降成本额度应等于可以抵扣的增值税对应的营业税额。降成本情况如表 7-6 所示。

表 7-6 “3+7”行业降成本情况

行　业	2014 年		2015 年		2016 年 1~4 月		2016 年 5~10 月	
	额度/亿元	幅度/%	额度/亿元	幅度/%	额度/亿元	幅度/%	额度/亿元	幅度/%
“3+7”行业合计	6761	6.4	7734	6.2	2532	5.9	4754	6.8
交通运输、仓储和邮政业	2346	6.2	2219	6.2	657	5.8	1219	6.9
信息传输、软件和信息技术服务业	1232	5.6	1681	5.1	577	4.9	988	5.2
租赁和商务服务业	2162	7.1	2493	6.9	836	6.7	1619	7.9
科学研究和技术服务业	872	7.3	1178	7.0	412	6.7	837	7.5
文化、体育和娱乐业	150	4.8	163	4.5	49	4.3	92	4.6

数据来源：增值税专用发票和货运专票购进数据，以及 2012 年投入产出表加工整理。

“3+7”行业 2014 年、2015 年降成本额度分别为 6761 亿元和 7734 亿元，降成本幅度为 6.4%和 6.2%。2016 年 1~4 月降成本额度 2532 亿元，幅度为 5.9%。全面“营改增”后，降成本幅度进一步加大，2016 年 5~10 月降低成本 4754 亿元，幅度提高至 6.8%。

（3）四大行业“营改增”后经营成本累计下降 6.1%。建筑、金融、房地产、生活服务业等四大行业降成本测算原理与“3+7”行业相同，降成本额度相当于购进商品可抵扣的增值税额与购进服务对应的营业税额之和。根据增值税发票数据测算，如表 7-7 所示，全面“营改增”后，2016 年 5~10 月，四大行业共计降低成本 2696 亿元，下降幅度为 6.1%。

表 7-7 四大行业降成本情况

行　业	2016 年 5~10 月	
	额度/亿元	幅度/%
四大行业合计	2696	6.1
建筑业	1070	8.8
住宿和餐饮业	109	6.5
金融业	358	2.9
房地产业	725	6.8
水利、环境和公共设施管理业	25	6.2
居民服务、修理和其他服务业	385	6.2
教育	10	2.9
卫生和社会工作	7	6.2
公共管理、社会保障和社会组织	7	5.1

数据来源：增值税专用发票和货运专票购进数据，以及 2012 年投入产出表加工整理。

四、“营改增”减税与降成本的差异说明

减税的测算思路是用“营改增”后的应纳增值税额与原营业税额进行对比，其中应纳增值税额为销项税额减去进项税额。降成本是从“营改增”对购进商品或服务的成本影响进行分析，近似于进项税额的角度。

对于不同行业来说，两者口径存在一定差异。对原增值税行业来说，“营改增”后增加了可抵扣的项目，降成本额度相当于减税额度。对于“3+7”行业和四大行业来说，由于减税的计算是用销项减进项的方法，因此降成本额度要大于减税额度。

第八章 中小企业税收优惠政策绩效评价研究

中小企业[①]是我国国民经济和社会发展的重要力量，在发展市场经济、吸纳人员就业方面发挥着巨大的产出效应。据相关资料，目前我国工商登记的中小企业数量占企业总数的99.8%，这些中小企业每年为国家创造约60%的GDP，提供80%以上的城镇就业岗位。但是长久以来，中小企业由于自身在资金、技术、管理甚至行业准入门槛方面存在许多短板，一定程度上制约了其发展。近年来，国家为促进中小企业健康发展，出台了一系列扶持中小企业的金融、税收政策，为中小企业的发展壮大提供了良好的政策环境。本章旨在通过对辽宁中小企业税收优惠政策的效应分析，评价税收优惠政策在推动中小企业发展、调节国民经济结构、解决劳动就业等方面的作用，并对优化中小企业的税收优惠政策提出了建议。

第一节 中小企业税收优惠政策分析

一、税收优惠的内涵及方式

（一）税收优惠的内涵

税收优惠政策是国家利用税收调节经济的具体手段，国家通过税收优惠政策、可以扶持某些特殊地区、产业、企业和产品的发展，促进产业结构的调整和社会经济的协调发展。税收减免属于税式支出。分税种来看，增值税、营业税（“营改增”之前）作为流转税，其中性本质决定了相关税收减免主要是通过降低商品所含税负进而降低商品终端销售价格，从而惠及整个生产、销售链条上的纳税人；企业所得税、关税收减免实际上是国家对本来予以索取的税收的一种“让利”行为。

本质上讲，所有的税收优惠都可以看成由税收法律、法规规定，通过税务机关对纳税人实施的一种财政补贴，并在不同的环节作用于企业的经营行为。

---

① 本章所述中小企业均为《关于印发中小企业划型标准规定的通知》（工信部联企业［2011］300号）文件所指标准。

（二）税收优惠方式

随着经济发展，一方面中小企业在创造就业机会和实现科技创新方面做出了突出贡献，另一方面其地位还处于相对劣势的位置，因此各国都相继引入一系列税收优惠政策，中国也不例外。从我国目前对中小企业的税收优惠方式看，主要有征前减免、退库减免和抵顶欠税；从税收优惠内容来看，主要有改善民生、鼓励高新技术和创业投资、支持中小微企业发展经营、节能环保、促进区域发展、支持文化教育体育、支持金融资本市场等；从手段上看，主要有税额式、税率式和税基式等三种方式，如降低税率、提高起征点、税前扣减等，其中既涉及流转税也涉及所得税。除鼓励创业投资是通过间接方式扶持中小企业发展外，其余税收优惠均是通过直接减免的方式作用于中小企业。

二、税收优惠的相关理论

（一）市场失灵理论

20世纪60年代，创新学派代表人物Nelson和新古典经济学派代表人物Arrow将市场失灵理论应用与社会政策分析上。西方经济学中，资源是稀缺的，要想实现资源在全社会最优配置，需要有完全竞争市场、非外部效应、信息对称三个基本条件。首先我们假设市场是完全竞争市场，约束条件是达到最优的生产效率和最优的经济效率。但是，现实的条件一般不能满足完全竞争市场的假设以及约束条件，所以就出现了资源不能有效配置的市场失灵，常见的市场失灵一般有外部经济、信息不对称、不完全竞争等。税收政策之所以能够存在，就是因为它相当于政府为了弥补市场失灵而创造的一种可以介入经济运行过程的工具，它能够修正市场前进过程中遇到的政策失灵现象使资源尽可能地实现有效配置。此外，由于中小企业在国民经济发展中作用不容忽视，相对完善的税收政策能够更有效地帮助中小企业充分配置资源，在健康有序的市场环境下充分发挥自己的效用，进而能够促进国家更好地实现宏观经济政策目标。

（二）税收激励理论

税收激励是对一系列经济活动包括生产、消费、投资等行为所产生的激励作用。税收激励可以分为国内生产的一般激励、国内生产的特别奖励、外贸激励措施等。国内生产的动机主要是指国内生产的早开免税期，税收减免，加速折旧等；国内生产的特殊动机是指特殊行业或地区给予特殊的税收待遇，如新兴产业，高新技术产业给予特殊的税收待遇；外贸激励主要是通过的地方税收措施鼓励出口和外国投资。市场上中小企业数量众多，产品相似度高，市场壁垒较小，因此在一定程度上可以把中小企业放在完全竞争市场上进行分析。根据微观经济学相关理论，在完全竞争市场条件下，在不征税的前提下，市场均衡完全取决于市场供求，而征税则会导致收益的降低，但是如果给予企业一些税收激励，在成本不变的条件下，企业收益非但不会减少反而会增加，从而企业会进一步扩大生产谋取更多利润。中小企业相对大企业来说其纳税能力是非常有限的，而根据纳税能力原则实现税负公平，应该对中小企业征以适合其能力的税负，并且一定程度的减税还会给中小企业带来一定的资金积累，促使企业加大投资进而扩大其生产规模。因此，国家往往会开发一系列税收优惠政策来支持中小型企业发展，激励国内经济的发展，引导中小企业前行。此外，促进中小企业做大做强，有利于平衡市场经营主体的力量，对市场公平健康的竞争秩序的形成和维护有重要意义，并且能在一定程度上缓解个别大企业垄断市场进而损害其他市场经济主体利益的现象。

（三）拉弗曲线理论

“拉弗曲线”理论是由“供给学派”代表人物、美国南加利福尼亚商学研究生院教授阿瑟·拉弗（20世纪70年代）提出的，该理论之所以被称之为“供给学派”，是因为它主张以大幅度减税来刺激供给从而刺激经济活动。“拉弗曲线”的含义是，税收额与税率并不是存在一定的正比例关系，也许在刚开始征税的时候增加税率会使税收额出现一定的增长，但是一旦税率超过一定的水平，税收反而会下降。因为税收额是由税率和课税基础共同决定的，如果税率过高，企业的利润不足以抵扣过高的税收或者企业的利润太低，就会影响企业继续生产的意愿，会削弱经济主体的活动积极性，这样税源将会相对萎缩，最终造成税收总额的减少。如果税率增加至100%，这将导致没有人愿意投资和工作，政府收入将减少到零。因此，只有改善投资环境，政府制定出合适的税率和相应的税收优惠政策，才能扩宽税基，使中小企业充分吸引社会力量和外商投资，增加税收，进而使企业发展和政府财政收入取得双赢。

三、税收优惠的作用原理和过程

我们从税收调节传导机制的角度来看税收优惠政策的基本原理，政府的征税活动，从一定程度上来说就是政府在社会经济活动中打进了一个税收“楔子”，这个“楔子”通过收入效应和替代效应不可避免的变化，进而影响纳税人的投资劳动力供给和技术进步等生产要素。对中小企业来说，当政府有意识地运用税收优惠政策时，税收调控的一般传导机制是税收优惠政策→投资收益提高→中小企业行为调整→投资、消费、劳动力改善→经济目标实现，简单来说这个机制就是直接调节收入，间接调节行为。在竞争充分的市场条件下，纳税人收入与税收政策的变化息息相关，中小企业纳税人一般具有独立的利益和决策权，任何税收政策的变化都会在一定程度上改变纳税人的决策。如果税率相对较低，优惠的税收政策会鼓励纳税人在市场经济和经济利益合理调整法允许的前提下增加投资、技术和劳动力投入，进而增加产量，此时税收政策主要发挥其激励效应。反之，在高税率和低利润情况下，纳税人一般用消费或者储蓄替代投资，尽量选择闲暇替代劳动，此时税收政策主要发挥其替代效应，从而经济增长速度也会相应降低。在市场经济中，税收调节的一般传导机制已经成为一个普遍规律，而纳税人的行为调整具有必然性，调整幅度则取决于税收调控的力度和市场的完善程度。

对中小企业的实行的税收优惠政策，属于政府对经济进行调控的一个重要工具，同样符合税收调节的传导机制，但是在作用方式和产生的效应方面却与税收政策相反。在一定的税制结构下，优惠政策的实施效果，也就是对独立纳税人的行为影响会因为税收幅度、范围变更、受益对象的变化而变化，此外税收优惠的重要作用就是激励利润最大化的独立纳税人调整自己的行为，增加劳动和投资。在相对完善的市场机制环境下，税收优惠政策的传导效应会非常明显。一般情况下生产者的边际收益会大于边际成本，市场失灵导致资源不能有效进行配置的时候，政府给予中小企业相应的税收优惠会弥补企业的生产成本，从而激励生产者增加生产要素。但是，一旦相应的政策没有达到政府的预期效果，政府会进行相机抉择，适当调整政策的各项细节，以达到经济目标，其具体的作用过程如图8-1所示。

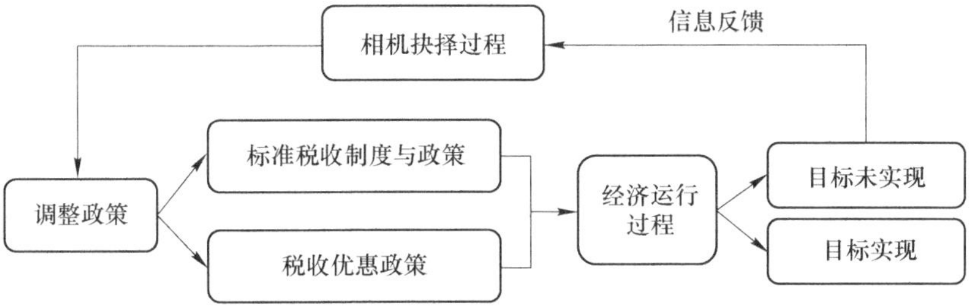

图8-1　优惠政策作用过程

四、税收优惠绩效分析的价值

完全竞争是理论上的一种理想状况，在这种机制下资本配置可以达到最优状况，可是此市场机制是不存在的，所以在资源配置过程中也存在失灵的情况，政府是有必要进行干预的。政府通过一定的税收优惠政策可以影响一些企业、个人及相关经济活动，使资源重新配置，还可以影响并引导相关的利益主体的行为符合国家宏观经济要求，使经济能够平稳运行。对于中小企业，税收优惠政策对于其发展有很大的促进效益，能够在一定程度上缓解其负担。税收优惠政策给中小企业的发展注入了新的活力，而且对于推动特定地区和产业的中小企业发展，起了很大的作用，政策的效应十分显著。对税收优惠政策进行效应分析，有利于我们更好地落实国家提出的“稳增长、调结构、促改革、惠民生”战略目标，对支持经济结构调整、产业转型优化起到更好的引导作用。

第二节 辽宁省中小企业税收优惠情况概述

一、辽宁省税收优惠政策的主要内容及发展变化

近年来，中小企业的发展问题受到了国家和各级政府的高度重视，一系列税收扶持政策相继出台，不断增强企业应对市场风险的能力，切实减轻了企业负担，助推了中小企业健康发展。辽宁省响应国家的号召，发布了很多相关措施，其中很大一部分税收优惠政策都针对小微企业。首先是在企业所得税方面，从2008年至今有了很大变化，主要有三个方面：进一步加大优惠力度；简化计算方法；另外，在申报手续上也进行相应的简化。2008年，国家初次以法律形式对小型微利企业给予优惠，对年纳税额少于30万的小型微利企业，按照20%的税率进行纳税。2009年，政策进行修订，所得税减半征收，并且征税的上限改为3万元。到了2011年，征税期限延长为1年，然后2012年1月1日起，不仅优惠期延长了4年，减半征税的上限也从3万调至6万。到2014年，税收优惠期进一步延长，上限调至10万，并且机关对企业的审批手续进行了简化。此外，自2015年初至2017年结束，对年应纳税所得额低于20万元（含20万元）的小型微利企业，其所得减按50%计入应纳税所得额，按20%的税率缴纳企业所得税。另一方面，2015年4月开始，试点中用非货币性资产，例如股权、技术发明、不动产之类进行投资的实际收益，改掉之前一次性纳税而实施分期纳税政策，从而推广至全国范围内。据有效估计，此次的降税规模将会达到150亿，中小企业和员工每年也能达到400多亿的降税额。为了实现中小企业能够更快更好的发展，税收政策逐年变化，一直在不停地改进。

增值税方面，从2011年起，财政部、国税总局对增值税起征点进行提高，自2011年11月1日起，辽宁省将增值税起征点调整至总局发布的第65号令中的最高上限，月销售额在2万元的个体工商户享受到优惠。至2013年8月，优惠幅度进一步加大，免税范围扩大至企业和非企业性单位，对月销售额不超过2万元的企业或非企业单位暂免增值税。到了2014年10月至2015年底，增值税免税范围又一次增大，变成月销售额2万元至3万元。从2011年至现在的增值税政策变化趋势我们看到，变化主要在起征点和免税范围方面，我们希望未来可以看到更加优惠的政策来反映国家对中小企业的扶持。

营业税方面，国家主要在多个领域对部分中小企业实行减免政策，并且限定了企业的起征点，采取的主要方式是减免税额和税基。1999年开始，在改善民

生，提高居民收入等各个领域，国家都提供了很多免征营业税的政策。2014 年，为了促进小微企业发展，国家税务局总局关于进一步支持小微企业增值税和营业税政策的通知中规定，从 2015 年 1 月起，月营业额 2 万元至 3 万元的营业税纳税人（个体、非个体、个人）免征营业税。

二、辽宁省税收优惠政策的主要特点

（一）优惠总量逐年走高，占总体税收优惠额度比重上升

2011~2014 年辽宁省落实各项中小企业税收优惠 89.6 亿元：分国地税看，国税系统落实 79.3 亿元，占全部比重 88.5%，地税系统落实 10.3 亿元，占全部比重 11.5%；分年度看，2014 年较 2011 年增加 15.9 亿元，年均增长 24.5%，占全部企业享受税收优惠数额的比重由 10.4%上升到 15%，上升 4.6 个百分点。

（二）大连地区优惠额领先，辽阳和抚顺增速领跑

全省绝大多数地市中小企业税收优惠额实现快速增长，14 个地市中，除盘锦外，其他 13 个地市的中小企业税收优惠额均呈现快速增长态势，其中辽阳和抚顺增长最快，分别实现 63.6%和 52.9%的年均增速，见表 8-1。从总量情况看，大连市 4 年共减免 34.7 亿元，占比 38.8%，沈阳市共减免 30.8 亿元，占比 34.4%；其次为辽阳、丹东、抚顺、鞍山、铁岭和盘锦，比重分别为 4.4%、3.6%、3.5%、3.2%、2.7%和 2.3%；最低的是本溪，只有 0.5 亿元，占比仅为 0.6%。

表 8-1　2011~2014 年辽宁省中小企业税收减免情况　（万元）

地区	2011 年	2012 年	2013 年	2014 年	总计	占比/%	年均增长/%
沈阳	67360.7	72925.0	68118.5	119823.1	307956.7	34.38	21.17
大连	62179.1	75901.5	73795.0	115124.2	347270.4	38.77	22.79
鞍山	4749.3	4182.2	6918.6	12728.4	28578.5	3.19	38.90
抚顺	3901.8	6073.7	7070.6	13951.0	30997.1	3.46	52.91
本溪	986.5	1307.1	1335.7	1843.7	5473.0	0.61	23.18
丹东	5220.4	4056.6	10261.2	12784.1	32322.4	3.61	34.79
锦州	2657.0	2449.7	3160.4	5272.2	13539.3	1.51	25.66
营口	2970.3	3276.2	3373.5	4833.5	14453.6	1.61	17.62
阜新	1417.2	1604.3	1079.4	2691.2	6792.1	0.76	23.83
辽阳	4948.1	4668.6	7752.2	21650.4	39019.3	4.36	63.56
铁岭	3734.3	5288.3	6448.9	8732.5	24204.0	2.70	32.73
朝阳	1701.5	2813.8	3507.8	4629.8	12652.9	1.41	39.61

续表 8-1

地区	2011 年	2012 年	2013 年	2014 年	总计	占比/%	年均增长/%
盘锦	7187.0	7899.4	3202.4	2150.8	20439.6	2.28	-33.11
葫芦岛	2638.9	2000.4	2592.0	4711.1	11942.4	1.33	21.31
合计	171652.0	194446.9	198616.1	330926.1	895641.1		24.46

数据来源：税务部门税收会统报表（2011~2014）。

（三）增值税占比最高且呈逐年提高趋势

分税种看，2011~2014 年增值税减免 55 亿元，占比 61.4%，企业所得税减免 34.4 亿元，占比 38.4%，营业税减免 0.22 亿元，占比 0.24%；年度间来看，2014 年增值税减免 22.5 亿元，较 2011 年增加 13.2 亿元，增长 1.4 倍，当年占比由 54%增长到 68%，增长 14 个百分点；2014 年企业所得税减免 10.6 亿元，较 2011 年增加 2.7 亿元，增长 34.9%，当年占比则由 45.6%下降到 31.9%，降低 13.7 个百分点；营业税税收优惠额体量很小，尤其在 2013 年实施“营改增”政策以后，减免总量在 200 万~300 万元。具体数据见表 8-2。

表 8-2　不同税种中小企业税收优惠情况

税种	年份							
	2011	2012	2013	2014	2011	2012	2013	2014
	税收优惠额/万元				所占比例/%			
增值税	92692	108890	123142	225030	54.0	56.0	62.0	68.0
企业所得税	78273	84584	75276	105565	45.6	43.5	37.9	31.9
营业税	687	972	199	331	0.4	0.5	0.1	0.1
合 计	171652	194447	198616	330926	100.0	100.0	100.0	100.0

数据来源：税务部门税收会统报表（2011~2014）。

（四）二产减免比重较高

2011~2014 年，辽宁省三次产业中小企业税收优惠额分别为 6.9 亿元、56.2 亿元和 26.5 亿元，比重分别为 7.7%、62.7%和 29.6%。分行业看，2011~2014 年，制造业享受减免 44.6 亿元，占比接近 50%；批发零售业享受减免 15.1 亿元，占比 16.8%；电力、热力、水的生产和供应业享受减免 8.2 亿元，占比 9.1%；交通运输、仓储和邮政业享受减免 4.1 亿元，占比 4.6%；采矿业享受减免 2.9 亿元，占比 3.2%；以上五大行业合计减免 74.9 亿元，占中小企业全部减免比例为 86.3%。此外，年均增长较快的行业是：金融保险、教育文化、电力、商业和制造业，见表 8-3。

表 8-3　2011~2014 年不同行业中小企业税收优惠情况

主要行业名称	税收优惠额/万元	占比/%	年均增长/%
农、林、牧、渔业	68673.5	7.7	19.5
采矿业	28825.0	3.2	14.7
制造业	446483.5	49.9	26.1
电力、热力、燃气及水生产和供应业	81634.8	9.1	28.8
建筑业	4556.7	0.5	-9.5
批发和零售业	150620.0	16.8	28.8
交通运输、仓储和邮政业	41375.6	4.6	10.4
住宿和餐饮业	4205.0	0.5	-0.6
信息传输、软件和信息技术服务业	11087.9	1.2	15.8
金融业	16003.0	1.8	98.2
房地产业	3911.0	0.4	-11.2
租赁业	20828.2	2.3	5.4
科学研究和技术服务业	4456.2	0.5	-6.5
水利、环境和公共设施管理业	785.1	0.1	8.7
居民服务、修理和其他服务业	2350.7	0.3	-31.4
教育	1026.0	0.1	39.0
卫生和社会工作	1356.0	0.2	-12.9
文化、体育和娱乐业	7463.0	0.8	29.0

数据来源：税务部门税收会统报表（2011~2014）。

（五）四大类型为减税主体

分企业类型看，股份和私营占六成以上，国有和外资占比接近三成。2011~2014 年股份公司减免 40.9 亿元，占比 45.7%；私营企业减免 19.5 亿元，占比 21.8%；国有企业享受中小企业税收优惠 14.2 亿元，占比 15.8%；外商投资（含港澳台投资）减免 11.9 亿元，占比 13.3%。年度间来看，2014 年国有企业减免 5.2 亿元，较 2011 年增加 2.6 亿元，年均增长 25%，当年占比 15.8%，较 2011 年提高 0.2 个百分点；股份公司税收优惠则由 2011 年的 7.6 亿元，上升到 2014 年的 15.1 亿元，增加 7.5 亿元，增长 1 倍，当年占比 45.6%，较 2011 年提高 1.6 个百分点；外商投资（含港澳台投资）享受减免额 2014 年较 2011 年增加 1.8 亿元，年均增长 19.7%，当年占比 13.4%，较 2011 年下降 1.6 个百分点；私营企业享受减免额 2014 年较 2011 年增加 3.5 亿元，年均增长 24.5%，当年占比上升到 21.8%，较 2011 年提高 0.1 个百分点。具体数据见表 8-4。

表 8-4　不同经济类型中小企业税收优惠情况

税种	年份							
	2011	2012	2013	2014	2011	2012	2013	2014
	税收优惠额/万元				所占比例/%			
国有企业	26766.6	32672.2	29786.9	52279.0	15.6	16.8	15.0	15.8
集体企业	4090.1	3358.6	6124.6	7935.3	2.4	1.7	3.1	2.4
股份合作企业	777.4	689.4	978.1	1433.9	0.5	0.4	0.5	0.4
联营企业	16.6	22.4	57.1	55.0	0.010	0.011	0.029	0.017
股份公司	75609.8	88062.7	94454.8	151005.6	44.0	45.3	47.6	45.6
私营企业	37328.3	43063.6	42602.0	72078.7	21.7	22.1	21.4	21.8
其他企业	1266.4	643.7	1253.1	1874.9	0.7	0.3	0.6	0.6
外商投资（含港澳台）	25796.8	25934.4	23359.5	44263.8	15.0	13.3	11.8	13.4
合　计	171652.0	194446.9	198616.1	330926.1	100.0	100.0	100.0	100.0

数据来源：税务部门税收会统报表（2011~2014）。

（六）三大政策减免额突出

分政策来看，优惠政策主要体现在鼓励高新技术、改善民生和促进小微企业发展“三大政策”，节能环保和支持“三农”也占一定的比重，见表 8-5。其中鼓励高新技术减免比重最高，2014 年归属于该项政策的减免 11.9 亿元，占当年减免总量的 35.9%；其次是改善民生政策，当年减免 7.2 亿元，占比 21.8%；近年来，国家出台一系列促进小微企业发展的税收优惠政策，2014 年共减免 6.5 亿元。上述三项政策共为中小企业税收优惠 25.6 亿元，占比 77.4%。

表 8-5　2014 年不同减免类型中小企业税收优惠情况

减免类型	税收优惠额/万元	占比/%
改善民生	72188.7	21.8
鼓励高新技术	118790.8	35.9
促进小微企业发展	65173.6	19.7
节能环保	47498.6	14.4
支持金融资本市场	1131.2	0.3
支持三农	22503.0	6.8
支持文化教育体育	3640.2	1.1
税收优惠额合计	330926.1	100.0

第三节 辽宁省中小企业税收优惠政策效应计量分析

一、计量分析的基本思路

量化考察税收减免对中小企业经营和国民经济发展的影响程度，理论上可以有两种思路：一是通过分析税收优惠因素对研究对象发生作用的过程，建立税收减免额与研究对象之间的相关关系，进而采用多元回归分析法或固定其他影响因素的对比分析法对税收优惠的效用进行量化；二是借用已经被量化的国民经济各部分之间的相互依存关系，通过税收优惠在不同部门、产业环节间的分布情况，观察税收优惠发生作用的环节和结果，进而得出税收优惠对研究对象的影响程度。

第一种思路的优点在于可以直接建立起研究对象对税收优惠的回归系数，从而量化两者之间的相关度。其缺点在于，实际操作中因为很难列举全部且相互独立的影响要素，或者即使列举齐全，也很难找到相应的代表性经济指标，这使得建立多元回归分析模型变得难以实现。事实上，如果能够成功建立起多元回归模型，也就同样得出了研究对象对其他变量如资金投入、产业水平、创新能力、管理水平等的回归系数，这使得构建模型本身成为一个复杂的宏观经济学课题。同样，也很难将所有的其他变量加以固定，而单独运用对比分析法来观察税收优惠对研究对象的作用程度。

第二种思路的优点在于可以避开对研究对象影响因素的列举，利用社会生产过程中各种经济变量相互作用后的平衡关系表——投入产出表，建立相应的投入产出模型，直接考察税收优惠因素对研究对象的影响程度。缺点在于在目前无法区分税收优惠金使用方向的前提下，采用这种方法必须基于一个基本假设，即全部的税收减免都被再次投入本行业的再生产，对于纳税人将优惠税款直接或间接投资于其他行业的行为予以忽略，这将在一定程度上影响最终结果的准确性。但如果在以后的税收优惠统计调查中能够对纳税人税收优惠金的使用方向加以统计，这种方法的估算结果将更为准确。

考虑到数据获得的难易程度和中小企业经营活动的特点（跨行业多元化投资相对较少），采用第二种思路对中小企业税收优惠效应进行研究是可行的，误差也是可以接受的。

二、辽宁省中小企业税收优惠对经济的影响分析

税收减免属于税式支出，本质上讲，可以将之看成由税收法律、法规规定，通过税务机关对纳税人实施的一种财政补贴。因此，考察税收减免对企业经济行

为的影响，可以主要从资金层面加以量化①，测算不同经济部门因享受减免而获得的资金带来的产出增量，以及它们在不同部门间的分配消耗情况（即投入增量），最后通过投入产出表中投入与增加值的关系测算由于税收优惠带来的GDP增量。具体测算过程如下：

（1）整理税收优惠金在部门间的分布。2011~2014四年间，辽宁对中小企业的税收优惠呈逐年上升的趋势，其中2014年达到33.1亿元。为静态观察税收优惠对宏观经济的影响，我们整理出2014年全部中小企业税收优惠额在139个国民经济部门的分布情况，得到各部门因享受减免而获得的流动资金增加额，见表8-6。

表8-6　2014年中小企业税收优惠在各国民经济部门分布略表　（万元）

行业名称	税收优惠额
农业	4541
林业	2048
畜牧业	3116
渔业	4227
农、林、牧、渔服务业	8570
煤炭开采和洗选业	808
石油和天然气开采业	956
⋮	⋮
合计	330926

（2）计算各部门因流动资金增加而带来的产出增量。在企业层面，资金与产出之间的关系与企业的资金周转能力有关，具体是通过流动资产周转次数来加以衡量。

$$\text{流动资产周转次数}=\frac{\text{产出额(或主营业务收入净额)}}{\text{流动资产平均余额}}$$

将上述公式变形，得到

$$\text{产出额(或主营业务收入净额)}=\text{流动资产平均余额}\times\text{流动资产周转次数}$$

在实际测算中，我们将企业获得的税收优惠视为流动资金的补充，但由于税收优惠额并不是在年内一次性获得，因此需要计算税收优惠金的平均余额，其公式为：

$$\text{减免税金平均余额}=\frac{\text{减免税金期初余额}+\text{减免税金期末余额}}{2}$$

① 由于针对中小企业的税收优惠主要是对应纳税额的直接减免，因此很容易将税收减免额理解为企业获得的流动资金补充。

接下来，通过全国重点税源数据库①抽取大样本，测算各部门流动资金周转次数，计算得出税收优惠金额在各部门带来的产出增量，见表 8-7。

表 8-7 各部门税收优惠带来产出增量计算略表

行业名称	税收优惠平均余额/万元	流动资产周转次数/次	产出增量/万元
农业	3678	1.30	4764
林业	1659	0.36	603
畜牧业	2524	1.21	3053
渔业	3424	2.08	7118
农、林、牧、渔服务业	6942	1.97	13683
煤炭开采和洗选业	654	1.94	1267
石油和天然气开采业	775	1.08	834
⋮	⋮	⋮	⋮
合计			392976

（3）利用投入产出表估算产出增量对增加值的影响。投入产出表也称部门联系平衡表或产业关联表，它是根据国民经济各部门生产（或服务）中的投入来源和使用去向纵横交叉组成的一张棋盘式平衡表，用来揭示各部门间技术、经济相互制约的数量关系。投入产出表的基本表式见表 8-8。

表 8-8 用符号表示的投入产出表表式

<table>
<tr><td colspan="2" rowspan="2"></td><td colspan="4">中间使用</td><td rowspan="2">最终产品</td><td rowspan="2">总产出</td></tr>
<tr><td>1</td><td>2</td><td>…</td><td>n</td></tr>
<tr><td rowspan="4">中间投入</td><td>1</td><td>x_{11}</td><td>x_{12}</td><td>…</td><td>x_{1n}</td><td>y_1</td><td>X_1</td></tr>
<tr><td>3</td><td>x_{21}</td><td>x_{22}</td><td>…</td><td>x_{2n}</td><td>y_2</td><td>X_2</td></tr>
<tr><td>⋮</td><td>⋮</td><td>⋮</td><td>⋮</td><td>⋮</td><td>⋮</td><td>⋮</td></tr>
<tr><td>n</td><td>x_{n1}</td><td>x_{n2}</td><td>…</td><td>x_{nn}</td><td>y_n</td><td>X_n</td></tr>
<tr><td colspan="2">增加值</td><td>v_1</td><td>v_2</td><td>…</td><td>v_n</td><td colspan="2" rowspan="2"></td></tr>
<tr><td colspan="2">总投入</td><td>X_1</td><td>X_2</td><td>…</td><td>X_n</td></tr>
</table>

根据投入产出表中的基本关系式：

$$a_{ij} = \frac{x_{ij}}{x_j}$$

① 由于辽宁统计未发布 139 部门的流动资金周转次数，此处采用税收调查数据库数据进行部门资金流转水平的测算，中小企业在全部企业中所占比重超过 90%，加之税收调查数据库样本量较大，抽取样本 5.7 万户，故此处获得的流动资金周转次数是可用的。

式中，a_{ij} 为直接消耗系数；x_{ij} 为第 j 部门生产过程中所消耗的第 i 部门产品的数量；x_j 为第 j 部门的总产出。

可以导出　$$x_{ij} = a_{ij} \times x_j$$

用直接消耗系数 a_{ij}乘以 j 部门总产出得到由于税收优惠而使各行业增加的消耗。在其他行业投入不变的情况下，由于税收优惠带来的各行业增加的消耗所需增加的投入量就是各行业的投入增量，根据投入产出表中总投入与增加值的比例关系可以计算出由于税收优惠而带来的各行业增加的投入量产生的增加值。

（4）结论。利用 2012 年辽宁投产出表，按照上述方法进行估算，2014 年辽宁对中小企业税收优惠 33.1 亿元，大体带来受减免部门 39.3 亿元的企业产出，拉动全社会总产出增加 154.9 亿元，带来全社会增加值 52.3 亿元，占当年辽宁 GDP 的 0.63%。对中小企业每 1 元钱的税收减免，通过直接和间接的作用于经济，可以分别带来 4.7 元的产值和 1.58 元的增加值，也即中小企业税式支出对 GDP 的投资乘数为 1.58。

从收入法结构来看，税收优惠拉动增加的 52.3 亿元增加值中，生产税净额 9.6 亿元，营业盈余 9.8 亿元，按照所得税占营业盈余的 10%①粗略估算，增加的增加值中所得税约为 0.98 亿元。这样因为税收优惠而带来新增税收 10.6 亿元。

上述分析显示，税收优惠对促进中小企业发展的作用较为明显，税收优惠充分发挥了投资乘数效应，带来了全社会各部门产出的增加，从而拉动了经济的增长。此外，由于新增产出带来了税收的增长，一定程度上也弥补了税收优惠在财政角度的损失。

三、辽宁省中小企业税收优惠对产业环节的影响分析

2011~2014 年，对中小企业实施的各项税收减免，涉及国民经济全部三次产业。年度间来看，税收优惠的分布较为稳定，这是由于三年间中小企业的产业结构变化不大。利用加工后的辽宁投产出表，观察享受税收减免的部门（以下简称税收优惠部门）的产业关联度情况。

（一）后向关联度分析

后向关联度分析是观察税收优惠部门对其他国民经济部门的拉动作用。理论上讲，税收优惠部门的向后关联度越高，对其施以税收减免就更能有效拉动整个产业链，促进社会经济总量的增长，税式支出的乘数效应就越显著。

① 根据 2014 年辽宁省税收调查数据的 5.7 万户样本统计，所得税约占营业盈余的 10%左右。

从投入产出的角度，主要运用影响力系数来体现部门的产业后向关联度。影响力系数是当国民经济某一部门增加一个单位的最终使用时，对国民经济各部门所产生的需求波及程度，它是从列昂惕夫逆矩阵列的角度展开的分析。其公式为：

$$F_i = \frac{\frac{1}{n}\sum_{i=1}^{n}\bar{b}_{ij}}{\frac{1}{n^2}\sum_{i=1}^{n}\sum_{j=1}^{n}\bar{b}_{ij}}(i, j=1, 2, \cdots, n)$$

利用2012年辽宁省投入产出表，加工出全部税收优惠部门的影响力系数，见表8-9。

表8-9　2014年影响力系数部门税收优惠情况

行业名称	税收优惠金额/万元	户数占比/%	影响力系数
通信设备	769	0.19	1.3711799
计算机	835	0.12	1.3456541
电池	234	0.11	1.3354912
文化、办公用机械	5018	3.04	1.3289518
视听设备	3675	0.14	1.2841340
电子元器件	5821	0.84	1.2757541
汽车整车	2259	0.24	1.2733246
家用器具	375	0.22	1.2719882
其他交通运输设备	721	0.16	1.2710657
有色金属压延加工品	1195	0.77	1.2639725
其他电子设备	48	0.50	1.2612213
输配电及控制设备	6522	0.92	1.2575101
铁路运输和城市轨道交通设备	1086	0.28	1.2573340
广播电视设备和雷达及配套设备	84	0.09	1.2554180
电线、电缆、光缆及电工器材	1383	0.53	1.2396928
纺织制成品	382	0.27	1.2395429
仪器仪表	2541	0.98	1.2313211
针织或钩针编织及其制品	139	0.34	1.2254848
泵、阀门、压缩机及类似机械	4853	3.37	1.2119289
采矿、冶金、建筑专用设备	9114	0.98	1.2094399
汽车零部件及配件	2805	1.61	1.2052911
电机	1095	0.26	1.2039961

续表 8-9

行业名称	税收优惠金额/万元	户数占比/%	影响力系数
金属制品	8253	2. 89	1. 2001456
涂料、油墨、颜料及类似产品	185	0. 43	1. 1997137
皮革、毛皮、羽毛及其制品	727	0. 35	1. 1974820
农、林、牧、渔专用机械	776	0. 61	1. 1971191
钢压延产品	8583	0. 91	1. 1945048
棉、化纤纺织及印染精加工品	1290	0. 27	1. 1906781
锅炉及原动设备	808	0. 24	1. 1891608
其他电气机械和器材	923	0. 42	1. 1888829
纺织服装服饰	1653	3. 85	1. 1796269
塑料制品	2406	1. 75	1. 1780694
鞋	118	0. 18	1. 1759443
金属加工机械	1430	1. 25	1. 1737171
其他专用设备	2491	0. 96	1. 1734648
房屋建筑	363	0. 07	1. 1706003
物料搬运设备	1335	0. 20	1. 1689527
化学纤维制品	85	0. 18	1. 1673595
专用化学产品和炸药、火工、焰火产品	3349	1. 11	1. 1655644
化工、木材、非金属加工专用设备	485	0. 42	1. 1641864
电力、热力生产和供应	14173	0. 87	1. 1620308
有色金属及其合金和铸件	1209	0. 66	1. 1546792
其他通用设备	6315	2. 78	1. 1512191
石膏、水泥制品及类似制品	1414	0. 27	1. 1511405
建筑装饰和其他建筑服务	189	0. 12	1. 1510552
毛纺织及染整精加工品	109	0. 28	1. 1490603
土木工程建筑	53	0. 09	1. 1458287
航空运输	3571	0. 11	1. 1410289
文教、工美、体育和娱乐用品	313	0. 47	1. 1406993
水泥、石灰和石膏	2150	0. 53	1. 1378413
研究和试验发展	400	0. 14	1. 1352829
钢、铁及其铸件	6567	0. 88	1. 1350587
农药	630	0. 14	1. 1214081
其他制造产品	1005	2. 82	1. 1212197
陶瓷制品	90	0. 26	1. 1210994

续表 8-9

行业名称	税收优惠金额/万元	户数占比/%	影响力系数
建筑安装	57	0. 19	1. 1184455
砖瓦、石材等建筑材料	179	0. 28	1. 1165935
屠宰及肉类加工品	720	0. 23	1. 1073390
船舶及相关装置	20766	0. 64	1. 1029471
方便食品	179	0. 18	1. 1024967
非金属矿采选产品	376	0. 24	1. 0967551
水的生产和供应	16545	0. 26	1. 0944841
印刷品和记录媒介复制品	189	0. 43	1. 0879175
木材加工品和木、竹、藤、棕、草制品	1930	1. 59	1. 0850196
造纸和纸制品	813	1. 02	1. 0825915
肥料	659	0. 14	1. 0822504
日用化学产品	374	0. 34	1. 0731229
铁合金产品	303	0. 20	1. 0698527
仓储	1201	0. 73	1. 0696855
玻璃和玻璃制品	1640	0. 31	1. 0689304
基础化学原料	23949	0. 77	1. 0679513
橡胶制品	2036	1. 31	1. 0670654
燃气生产和供应	1712	0. 15	1. 0612719
乳制品	47	0. 08	1. 0552850
麻、丝绢纺织及加工品	142	0. 24	1. 0542698
金属制品、机械和设备修理服务	619	0. 42	1. 0478595
医药制品	806	0. 49	1. 0463106
石墨及其他非金属矿物制品	1989	0. 64	1. 0455026
调味品、发酵制品	533	0. 42	1. 0359106
家具	735	0. 94	1. 0357912
装卸搬运和运输代理	524	0. 24	1. 0272404
饲料加工品	120	0. 24	1. 0232288
合成材料	155	0. 33	1. 0131180
精炼石油和核燃料加工品	5619	0. 24	1. 0116366
管道运输	0	0. 07	1. 0015531
蔬菜、水果、坚果和其他农副食品加工品	1487	0. 95	0. 9988960
其他食品	233	0. 34	0. 9963784
邮政	88	0. 07	0. 9953238

续表 8-9

行业名称	税收优惠金额/万元	户数占比/%	影响力系数
有色金属矿采选产品	1479	0. 16	0. 9930803
植物油加工品	528	0. 16	0. 9900262
炼焦产品	15	0. 19	0. 9895751
开采辅助服务和其他采矿产品	1726	0. 15	0. 9888536
饮料和精制茶加工品	273	0. 24	0. 9844535
耐火材料制品	1985	1. 23	0. 9822192
黑色金属矿采选产品	2598	0. 56	0. 9812198
住宿	868	0. 61	0. 9617803
糖及糖制品	17	0. 19	0. 9573308
保险	1532	0. 07	0. 9548378
其他服务	229	0. 73	0. 9326777
谷物磨制品	299	0. 33	0. 9269593
水上运输	598	0. 20	0. 9200455
卫生	520	0. 16	0. 9086943
科技推广和应用服务	145	0. 43	0. 8976647
新闻和出版	169	0. 46	0. 8953626
煤炭采选产品	808	0. 27	0. 8905905
道路运输	7843	0. 53	0. 8778963
酒精和酒	512	0. 22	0. 8762771
水产加工品	3608	1. 44	0. 8645690
软件和信息技术服务	1963	1. 65	0. 8637948
餐饮	456	0. 68	0. 8607246
专业技术服务	448	0. 33	0. 8544428
生态保护和环境治理	65	0. 08	0. 8443073
畜牧产品	3116	1. 42	0. 8418916
商务服务	2752	1. 50	0. 8265614
租赁	1865	0. 20	0. 8264248
公共设施管理	143	0. 33	0. 8131180
铁路运输	75	0. 08	0. 8083736
公共管理和社会组织	23	0. 27	0. 8005099
娱乐	584	0. 33	0. 7936840
居民服务	102	0. 18	0. 7832118
电信和其他信息传输服务	684	0. 07	0. 7736868

续表 8-9

行业名称	税收优惠金额/万元	户数占比/%	影响力系数
广播、电视、电影和影视录音制作	235	0.47	0.7642313
石油和天然气开采产品	956	0.08	0.7417350
货币金融和其他金融服务	5920	0.20	0.7234884
水利管理	123	0.07	0.7160192
农、林、牧、渔服务	8570	1.75	0.7089769
烟草制品	0	0.07	0.7034315
体育	1365	1.92	0.6925780
农产品	4541	1.60	0.6909834
林产品	2048	1.46	0.6771438
资本市场服务	159	0.14	0.6755268
社会工作	26	0.34	0.6678101
渔产品	4227	1.49	0.6401083
批发和零售	51257	15.31	0.6340217
教育	331	0.56	0.5707320
文化艺术	698	0.88	0.5695146
房地产	993	0.33	0.5557263
社会保障	36	0.42	0.4950056
废弃资源和废旧材料回收加工品	282	0.27	0.4464925

139 个部门中，85 个影响力系数大于 1，表明这些部门向后关联程度较高，对其他部门的拉动作用较大。85 个部门税收优惠额 20.9 亿元，占全部减免部门的 63.3%，但由于其中电力、热力的生产和供应业、船舶及相关装置、基础化学原料和水的生产和供应业等四个行业税收优惠额较为集中（共减免 7.5 亿元）；若剔除上述四部门，其余 81 个部门税收优惠额 13.4 亿元，税收优惠额仅占全部减免部门的 40.4%，相比影响力系数小于 1 的 54 个部门，户均税收优惠额低 8.8%，显示对向后关联度较高的部门减免力度并不显著。

（二）前向关联度分析

前向关联度分析是观察其他国民经济部门对税收优惠部门的拉动作用。某一税收优惠部门的前向关联度越低，其他部门对它的影响越小，税收减免对其他部门的刺激作用传递到该部门的效用就越差。理论上讲，如果要通过税收减免促进这些部门的发展，应该给以更多的直接减免。

从投入产出的角度，主要运用感应度系数来体现部门的产业前向关联度。感应度系数是当国民经济各部门均增加一个单位的最终使用时，某一个部门因此而受到的需求感应程度，也就是需要该部门为其他部门的生产而提供的产出量，它是从列昂惕夫逆矩阵行的角度展开的分析。其公式为：

$$E_i = \frac{\frac{1}{n}\sum_{j=1}^{n}\bar{b}_{ij}}{\frac{1}{n^2}\sum_{i=1}^{n}\sum_{j=1}^{n}\bar{b}_{ij}} \quad (i,\ j = 1,\ 2,\ \cdots,\ n)$$

利用2014年辽宁省投入产出表，计算出全部税收优惠部门的感应度系数，见表8-10。

表8-10　2014年感应度系数部门税收优惠情况

行业名称	税收优惠金额/万元	户数占比/%	感应度系数
社会工作	26	0.34	0.325856659
社会保障	36	0.42	0.326885409
体育	1365	1.92	0.347877624
公共设施管理	143	0.33	0.354648254
软件和信息技术服务	1963	1.65	0.35724125
生态保护和环境治理	65	0.08	0.367472403
文化艺术	698	0.88	0.367862728
新闻和出版	169	0.46	0.370989902
广播、电视、电影和影视录音制作	235	0.47	0.373493583
陶瓷制品	90	0.26	0.376649956
公共管理和社会组织	23	0.27	0.385845376
管道运输	0	0.07	0.396572498
水利管理	123	0.07	0.399440678
视听设备	3675	0.14	0.403129105
广播电视设备和雷达及配套设备	84	0.09	0.404890441
农、林、牧、渔专用机械	776	0.61	0.409111962
居民服务	102	0.18	0.415461305
船舶及相关装置	20766	0.64	0.41700979
家用器具	375	0.22	0.417588302
燃气生产和供应	1712	0.15	0.421217418
糖及糖制品	17	0.19	0.422610826
物料搬运设备	1335	0.20	0.425475826
研究和试验发展	400	0.14	0.430260429

续表 8-10

行业名称	税收优惠金额/万元	户数占比/%	感应度系数
乳制品	47	0.08	0.43361171
调味品、发酵制品	533	0.42	0.435159287
农、林、牧、渔服务	8570	1.75	0.439316838
鞋	118	0.18	0.440403216
针织或钩针编织及其制品	139	0.34	0.447646715
烟草制品	0	0.07	0.449330956
石膏、水泥制品及类似制品	1414	0.27	0.452258353
科技推广和应用服务	145	0.43	0.45600619
电池	234	0.11	0.458369755
开采辅助服务和其他采矿产品	1726	0.15	0.471108791
水的生产和供应	16545	0.26	0.472360227
化工、木材、非金属加工专用设备	485	0.42	0.476249102
通信设备	769	0.19	0.477870228
其他食品	233	0.34	0.479800656
铁路运输和城市轨道交通设备	1086	0.28	0.481644724
租赁	1865	0.20	0.483110364
文化、办公用机械	5018	3.04	0.500722341
其他制造产品	1005	2.82	0.511208945
家具	735	0.94	0.511891484
饮料和精制茶加工品	273	0.24	0.513465804
其他电子设备	48	0.50	0.513920245
邮政	88	0.07	0.518750059
毛纺织及染整精加工品	109	0.28	0.523487963
房屋建筑	363	0.07	0.528862035
土木工程建筑	53	0.09	0.528934743
日用化学产品	374	0.34	0.529809584
其他交通运输设备	721	0.16	0.53515162
麻、丝绢纺织及加工品	142	0.24	0.547622539
农药	630	0.14	0.55144214
其他电气机械和器材	923	0.42	0.565473746
酒精和酒	512	0.22	0.565746036
石墨及其他非金属矿物制品	1989	0.64	0.565781624
资本市场服务	159	0.14	0.566902951

续表 8-10

行业名称	税收优惠金额/万元	户数占比/%	感应度系数
水产加工品	3608	1. 44	0. 574497837
金属加工机械	1430	1. 25	0. 575819247
耐火材料制品	1985	1. 23	0. 576127812
铁合金产品	303	0. 20	0. 580210052
蔬菜、水果、坚果和其他农副食品加工品	1487	0. 95	0. 588159346
砖瓦、石材等建筑材料	179	0. 28	0. 588544207
卫生	520	0. 16	0. 596388134
文教、工美、体育和娱乐用品	313	0. 47	0. 604214477
水泥、石灰和石膏	2150	0. 53	0. 649336906
方便食品	179	0. 18	0. 666514004
金属制品、机械和设备修理服务	619	0. 42	0. 684797682
娱乐	584	0. 33	0. 700115821
专业技术服务	448	0. 33	0. 701048992
教育	331	0. 56	0. 705189044
电机	1095	0. 26	0. 705540012
其他专用设备	2491	0. 96	0. 708805943
锅炉及原动设备	808	0. 24	0. 71182503
航空运输	3571	0. 11	0. 717253475
谷物磨制品	299	0. 33	0. 727987974
玻璃和玻璃制品	1640	0. 31	0. 728920952
医药制品	806	0. 49	0. 751541256
住宿	868	0. 61	0. 752991296
纺织服装服饰	1653	3. 85	0. 757220633
纺织制成品	382	0. 27	0. 773963949
林产品	2048	1. 46	0. 795741338
建筑装饰和其他建筑服务	189	0. 12	0. 79583894
皮革、毛皮、羽毛及其制品	727	0. 35	0. 796256227
植物油加工品	528	0. 16	0. 807385741
装卸搬运和运输代理	524	0. 24	0. 808478654
泵、阀门、压缩机及类似机械	4853	3. 37	0. 809254877
屠宰及肉类加工品	720	0. 23	0. 829641446
电信和其他信息传输服务	684	0. 07	0. 83404791
采矿、冶金、建筑专用设备	9114	0. 98	0. 840294402

续表 8-10

行业名称	税收优惠金额/万元	户数占比/%	感应度系数
建筑安装	57	0.19	0.843074903
仓储	1201	0.73	0.858115458
橡胶制品	2036	1.31	0.867736765
计算机	835	0.12	0.885390756
炼焦产品	15	0.19	0.88693394
肥料	659	0.14	0.894560433
化学纤维制品	85	0.18	0.895528609
输配电及控制设备	6522	0.92	0.908004125
渔产品	4227	1.49	0.919891326
废弃资源和废旧材料回收加工品	282	0.27	0.935842379
印刷品和记录媒介复制品	189	0.43	0.93985577
保险	1532	0.07	0.94019628
饲料加工品	120	0.24	0.948984281
水上运输	598	0.20	0.96022509
其他服务	229	0.73	0.981912547
仪器仪表	2541	0.98	1.003789196
涂料、油墨、颜料及类似产品	185	0.43	1.035564
铁路运输	75	0.08	1.060175984
汽车整车	2259	0.24	1.069861728
电线、电缆、光缆及电工器材	1383	0.53	1.093798359
木材加工品和木、竹、藤、棕、草制品	1930	1.59	1.214563171
房地产	993	0.33	1.308475044
非金属矿采选产品	376	0.24	1.412492804
餐饮	456	0.68	1.450744487
有色金属矿采选产品	1479	0.16	1.477732429
棉、化纤纺织及印染精加工品	1290	0.27	1.663896458
汽车零部件及配件	2805	1.61	1.774302226
有色金属压延加工品	1195	0.77	1.812824239
商务服务	2752	1.50	1.889433332
钢、铁及其铸件	6567	0.88	1.919470848
合成材料	155	0.33	1.971586555
专用化学产品和炸药、火工、焰火产品	3349	1.11	2.027039654
畜牧产品	3116	1.42	2.122581497

续表 8-10

行业名称	税收优惠金额/万元	户数占比/%	感应度系数
塑料制品	2406	1. 75	2. 264041348
造纸和纸制品	813	1. 02	2. 288942255
货币金融和其他金融服务	5920	0. 20	2. 382425603
有色金属及其合金和铸件	1209	0. 66	2. 494508769
电子元器件	5821	0. 84	2. 515286146
道路运输	7843	0. 53	2. 536731709
金属制品	8253	2. 89	2. 577347847
黑色金属矿采选产品	2598	0. 56	2. 742479326
煤炭采选产品	808	0. 27	2. 893069052
其他通用设备	6315	2. 78	2. 898389049
农产品	4541	1. 60	3. 334211329
基础化学原料	23949	0. 77	3. 342820481
石油和天然气开采产品	956	0. 08	3. 474001742
批发和零售	51257	15. 31	3. 750676655
钢压延产品	8583	0. 91	3. 980487742
精炼石油和核燃料加工品	5619	0. 24	4. 490223295
电力、热力生产和供应	14173	0. 87	4. 703806669

139 个部门中，104 个感应度系数小于 1，表明这些部门前向关联程度较低，其他部门对它们的拉动作用较小。104 个部门税收优惠额 14. 7 亿元，占全部减免部门的 44. 4%，减免户数占全部减免部门的 55. 6%，户均税收优惠额比感应度系数大于 1 的 34 个行业低 36. 1%，显示对这些部门的减免力度偏低。

104 个部门中，社会工作、社会保障、公共设施管理、软件和信息技术服务、生态保护和环境治理、文化、体育、新闻等需要大力发展的部门，感应度系数均在 0. 4 以下，其他关系民生和符合产业发展导向部门的感应度系数也在 0. 5~0. 8 之间，这些部门的税收减免效应大多来自直接减免，通过间接减免的方式促进其发展效果不明显。

（三）结论

综合产业关联度分析的结果来看，由于目前我国对中小企业的税收优惠在产业间基本实行无差别减免①，未能充分考虑产业波及效应，对处于产业链不同位

① 《企业所得税法》对创业投资企业的税收减免具有间接优惠中小高新技术企业的政策指向性，此处需要加以说明。

置、在国民经济中作用各异的行业、部门没有明显的针对性。这样使得税收减免一方面缺乏对中小企业的政策产业导向，另一方面也没能充分发挥税收的杠杆作用，影响了税收支出效用的最大化。

四、辽宁省中小企业税收优惠对就业的影响分析

观察税收优惠对就业的影响，主要是看由于税收优惠而新增产值的就业效应。投入产出就业效应是通过衡量国民经济系统每新增一个 j 行业货币单位的产出作为最终使用，与之对应需要国民经济各个行业分别增加的产出 C_{ij} 之和所带来的劳动力增量来体现的。其中既包含了新增产出的部门的直接就业效应，也包含对其他部门拉动的间接就业效应。其测算过程如下：

（1）测算各行业的产出乘数。产出乘数是指增加一个货币单位 j 行业最终使用，所带动的各行业产出之和。与完全消耗系数类似，它体现每新增一个单位 j 行业的最终使用，导致整个国民经济产出规模的扩大。显然，一个行业部门的产出乘数越大，则该行业部门带动经济的能力越强。产出乘数的公式为：

$$E = \sum_{j=1}^{n} C_{ij}$$

式中，C_{ij} 为列昂惕夫逆矩阵中的列元素。

（2）测算各行业的劳动力投入系数。公式为：

$$a_{ij} = \frac{L_i}{X_i}$$

式中，a_{ij} 为劳动力投入系数；L_i 为 i 行业的就业人数；X_i 为 i 行业的总产出（或主营业务收入净额）。

利用税源调查数据库中的各行业平均就业人数及主营业务收入①，计算出各行业的劳动力投入系数。

（3）测算税收优惠对各行业的就业效应。公式为

$$L_j = \sum a_{ij} \times \Delta X_j \times C_{ij}$$

式中，L_j 为就业效应；ΔX_j 为第 j 部门因税收优惠带来的新增产出。

根据测算得出各行业的税收优惠就业效应排位前 20 位的行业见表 8-11。

（4）结论。从上述分析来看，税收优惠对促进就业具有积极的作用。2014 年中小企业税收优惠 33.1 亿元，新创造就业机会 3.6 万人，平均每 1 万元税收减免创造就业机会 0.11 人。

---

① 由于目前各项公开统计资料中没有分行业的就业人数，故采用税源调查数据库样本的行业数据加以替代。

表 8-11 2014 年中小企业税收优惠就业效应分行业略表

行业部门	总就业效应/人	排位	行业部门	单位减免就业效应/人·万元$^{-1}$	排位
批发和零售	8696	1	研究和试验发展	0.87	1
商务服务	2331	2	商务服务	0.85	2
钢压延产品	2026	3	废弃资源和废旧材料回收加工品	0.61	3
水的生产和供应	1958	4	科技推广和应用服务	0.52	4
金属制品	1663	5	砖瓦、石材等建筑材料	0.44	5
其他通用设备	1182	6	其他电子设备	0.42	6
钢、铁及其铸件	1164	7	娱乐	0.39	7
道路运输	1123	8	陶瓷制品	0.38	8
电子元器件	1012	9	房屋建筑	0.37	9
农、林、牧、渔服务	733	10	金属制品、机械和设备修理服务	0.37	10
仪器仪表	699	11	铁路运输	0.37	11
基础化学原料	577	12	土木工程建筑	0.36	12
货币金融和其他金融服务	550	13	方便食品	0.33	13
水产加工品	463	14	社会保障	0.31	14
保险	451	15	餐饮	0.30	15
电力、热力生产和供应	447	16	保险	0.29	16
泵、阀门、压缩机及类似机械	430	17	生态保护和环境治理	0.29	17
专用化学产品和炸药、火工、焰火产品	402	18	仪器仪表	0.28	18
研究和试验发展	349	19	新闻和出版	0.27	19
其他专用设备	317	20	钢压延产品	0.24	20
⋮	⋮	⋮	⋮	⋮	⋮
139 行业合计	35698		139 行业合计	0.11	

分行业部门来看，税收优惠总就业效应靠前的是批发零售、商务服务、钢压延产品、水的生产和供应、金属制品、通用设备、钢铁及其铸件、道路运输和电子元器件，9 行业合计新增就业人数 2.1 万人，占全部新增就业人数的 59.3%，主要是受税收优惠流向、行业的产出乘数和劳动力投入系数影响。

单位减免就业效应靠前的是研究和试验发展、商务服务、废弃资源和废旧材料回收加工品、科技推广和应用服务等 15 个行业，15 个行业每万元就业人数均在 0.3 人之上，主要是受行业的产出乘数和劳动力投入系数影响。

第四节　中小企业税收优惠政策的国外经验

纵观各个国家的税收政策，其相同点是都在利用优惠措施支持企业的发展，帮助企业引进投资，其不同点在于各个国家的国情不尽相同，进而他们的实施方案会有做法和侧重点的不同。各国都清楚税收政策对小微企业的传导作用，于是会利用税收这支杠杆对经济进行调节，因此不论是发达国家还是发展中国家，都在尽可能为小微企业的发展营造环境，不断促进小微企业成长、壮大、成熟。综合比较发达国家和发展中国家给予小微企业的税收优惠政策，我们发现多数国家都是通过对小微企业实行直接税收减免和间接优惠政策，构建起从小微企业成立、成长、壮大、成熟等一系列扶持体系，对我国对小微企业实施税收优惠政策起到一定的借鉴作用。

一、发达国家的税收优惠政策分析

（1）美国。美国有 2700 万家小微企业，为国内提供 50%的就业岗位，销售额占全国的 47%，小微企业所创造的经济价值占国民生产总值的 50%，贡献了 55%的发明和技术创新成果，商品出口额占全部出口总额的 1/3。美国的小微企业充满了活力和创新，被誉为“美国经济的脊梁”，所以美国会采取各种扶持政策和立法促进其发展壮大。在税收优惠方面，主要采取如下几种政策：一是降低所得税税率，将小企业的个人所得税下调为 25%，按个人所得税征收小企业的所得税，并且将资本收益税调整为 20%。二是中小型企业可以有一定的权利进行自主选择纳税，也就是说少于 25 名雇员的有限责任公司，可选择缴纳公司所得税，也可以选择比照“合伙企业”的办法将利润并入股东收入，进行缴纳个人所得税。三是对科技税收实行特别优惠。国家根据科研经费增长幅度对中小企业进行税收抵免，而且中小型的高新技术企业可以减免一定比例地方税收。四是减少企业新投资税收。小微企业在创业初期，所购买的新设备使用年限在 5 年以上的，按设备实际购买价格的 10%抵扣当年应缴纳的税款，设备使用年限为 3 年的，按设备实际购买价格的 6%抵扣当年应缴纳税款。五是提高遗产税的免税额，免除小微企业继承人应缴纳的大笔遗产税。

（2）日本。日本向来对小微企业的发展比较重视，小微企业在 2013 年已经达到了 469 万家，占日本总共企业数量的 99. 7%，对日本经济发展起到了一定的支撑作用。关于小微企业的税收优惠政策，一是降低小微企业法人所得税税率，法人税亦称公司所得税，公司税是仅次于个人所得税的第二大税。相比大企业，日本中小企业普遍享受低税率的法人税，即日本对利润较低的小微企业按 28%的税率征收法人税，低于大企业 37. 5%的税率。二是新企业设备投资减税，主要是对创业未满 5 年和试验研究费用高于销售额的 3%的中小企业，均实行投资设备减税。三是实行设备折旧抵免，对新购进和租借的设备，在计提折旧和纳税方面给予更多优惠政策，一方面依据购置价格的 30%的价格首提折旧，也可以抵免购置价格 7%的法人税，但是抵免金额最高不能超过当年应税额。四是支持创新税收优惠，为了鼓励企业利用新技术和节约资源能源，准许中小企业实际支出研发费用的 10%，抵扣法人所得税，此政策享受期延长一年。五是为了缓解企业的资金困难，进而增强其抵御市场变化的能力，小微企业的提取的改善结构准备金不计入当年应税所得。

（3）英国。英国的税收优惠政策也处于不断的变化中，一是减免投资税，对于所有创办者投资的小微企业，小微企业的 60%投资额可以获得免税，每一年减免额度不超过 4 万英镑。1983 年，英国政府将公司税税率由 38%下调为 30%，同时印花税税率由 20%下调为 1%。二是研发投入方面，2000 年出台中小企业的研发投入的优惠政策，对年营业额不超过 2500 万英镑的中小企业，当年研发所投资金高于 5 万英镑时，允许中小企业按照研发投入的 150%实行税前抵扣。没有盈利的中小企业的研发投入可预先税收减免，研发投入的 24%资金将返给中小企业。三是给予招收 18~26 岁失业青年的小微企业进行专门资助，企业每录用 1 名失业青年可获得每周 75 英镑的政府补贴。四是资产折旧方面，英国采取“资本折扣”的方式计入成本抵消利润，即在英国小微企业投资办厂，购买的机器设备，当年可享受 40%的资本折扣。五是小企业贷款担保计划。英国工贸部与国内 20 多家银行和金融机构制定“小企业贷款担保计划”，通过政府担保，为因资金不足而不能按融资标准获得银行和金融机构商业贷款的小企业提供贷款担保，小企业可从银行获得低于金融市场利率的长期贷款，产生的利率差额由政府补贴。

（4）韩国。在税收优惠方面，韩国政府为了小微企业发展颁布了专门法律，在国家宪法中就有鼓励和保护小微企业的条文，还有很多法案，都系统地制定了税收法规。在税收减免方面，实行“三免二减半”的优惠办法，即自营业之日起前 3 年免征企业所得税，以后 2 年将减半征收所得税。在偏远农村的小微企业采取减免注册税和财产税的优惠政策，如果小微企业因资金债务过重，导致运行困难，政府还会为其提供税收减免。增值税方面，韩国政府对小微企业没有提供免税政策，但对小微企业实行特殊的征税税率，实际税负相当于普通纳税的 1/3。在鼓励创业投资时，小微企业在购进设备时，给予 30%的所得税抵免，给予符合条件的小微企业年底资产价值的 20%以内抵为投资准备金，这一准备金可以在税前扣除。

二、发展中国家的税收优惠政策分析

（1）巴西。首先，2009 年 9 月，巴西推出了对小型、微型企业采取诸多优惠政策，将推出的减税方案送交国会批准，目的是减少国内的隐性就业，扩大正规就业市场，对小微企业采取两个档次的税收优惠政策。其次，巴西曾是全球企业赋税比重最高的国家，为鼓励小微企业积极创业，巴西联邦、州、市三级政府对小微企业共收取58种捐税。为了实现扶持小微企业发展的目的，从2007年开始，巴西联邦政府通过微型和小型企业法，对小微企业征缴的6种税目合并成“超简单税”。在2003~2005年三年时间内，使70%的小微企业能够正常运行。最后是随着全球经济危机到来之际，巴西政府推出了许多刺激经济政策，包括针对性的减税和低息贷款，将所得税优惠政策扩大范围，包括禽肉加工、木浆、客货运输等25个行业，政策在2013年1月生效，实施这一政策，令政府损失130亿雷亚尔的财政收入，但是该政策使小微企业生产成本降低而得以正常运作。

（2）阿根廷。在税收优惠方面，阿根廷比较重视产品技术创新方面，一是在中小企业的创业初期，在产品创新、国际质量认证、流程改进、技术升级等会投入大量资金，阿根廷中小企业国务秘书处专设“技术援助税收减免优惠制度”。政府审核通过的技术性投资，批准获得投资额80%的优惠，但最高不能高于13万阿根廷比索的税收减免。二是为了鼓励和奖励创新，对创业者首次进入“2020年工业战略规划”的行业，包括可再生能源、农牧业科技创新、葡萄酒酿造等新兴行业，对通过审核的创业者提供11万阿根廷比索的启动资金，这部分资金由国家财政直接拨付。三是人员培训可获得税收减免，企业在进行人力资源培训时，国家财政将给予政策支持和税收减免，这项机制为鼓励大型企业对其产业链条上的众多小微企业合作者专门进行技术培训，大型企业投入的资金可以作为税收减免额度。

三、国外税收优惠政策经验总结

综合上述各个发达国家和发展中国家的税收优惠政策，我们看到国外的税收优惠政策，具有针对性强、覆盖范围广的特点，不仅涵盖中小企业各种经济组织，还贯穿中小企业发展的整个环节，涉及的税种种类繁多齐全，包括企业所得税、投资收益所得税、印花税、流转税等。在税收组织方面，多个国家都成立了关于管理和协调中小企业的组织机构，负责制定小微企业扶持政策，使涉及小微企业税收优惠的所得税、流转税、财产税等多个税种，各个税种能够互相配合，进而发挥了更大的社会效益，形成了系统的税收激励政策体系。在激励方式上，各国采取的方法多样，在产业发展、鼓励投资、研发创新等方面的税收优惠政策中，都采取了免税期、低税率、加速折旧、再投资减免等多种税收优惠政策，对各类小微企业的创业初期给予了较大的优惠，使小微企业真正成为政策的受益者，表8-12为各国采取的税收优惠方式。此外，多国在制定各种税收优惠政策时，给予科技研发和使用新技术的中小企业特殊税收优惠或者税收抵免，尤其对研发科技含量高的新工艺和新产品的小微企业给予多项优惠，同时对新能源、生物技术、通信、汽车等领域高新技术中小企业更加关照。

表 8-12　各国采用的税收优惠政策

项目	产业发展政策的税收优惠	鼓励投资的税收优惠	鼓励研发的税收优惠	促进就业的税收优惠
优惠形式	（1）免税期； （2）低税率； （3）加速折旧； （4）税收抵免	（1）免税期； （2）低税率； （3）加速折旧； （4）税收抵免； （5）再投资退税	（1）低税率； （2）对科研发展费许可特殊抵扣或抵免	（1）免税期； （2）低税率； （3）加速折旧； （4）税收抵免

从各国优惠政策实行的经验中我们知道，多数国家都会注重税收对就业和研发方面的作用，一般国外重点是通过税收优惠政策为小微企业增加自主创新的能力，核心目的是鼓励小微企业不断研发出高附加值的产品，同时也更加注重间接优惠政策的实施，让小微企业具有“自我造血”的功能，促进国内小微企业具有更多的创新能力。在经济发展的新常态下，对于我们今后的税收优惠政策，应该明确其发展导向，不能仅仅停留在促进就业方面，还应该鼓励中小企业不断创新，使其核心竞争力得到质的提高。另外在税收优惠政策的扶持力度上，美国、韩国、巴西等国都对小微企业财税和行业的扶持加大了力度，在财税扶持政策方面，包括创业之初各项投资减免，后期再投资减免，促进小微企业发展壮大。其次，根据不同的行业和发展阶段，对小微企业采取更多的税收优惠政策。相比而言，我国对小微企业财税扶持力度还比较小，对所得税和营业税等税种进行减免，由于复杂的办税程序，多数小微企业没有充分享受到税收优惠政策，再加上经营过程中遇到的种种困难，中小企业并没有获得太多利润，因此我国各级政府应该给予中小企业特殊的关怀，加大扶持力度。

第五节　辽宁省中小企业税收优惠政策绩效评价及建议

一、效应评价

分析结果显示，2011~2014 年间，中小企业税收优惠政策的效应是积极显著的。享受税收优惠政策户数、税收优惠政策总额、占全部税收优惠政策比重逐年提升，提高起征点、降低征收率、小型微利企业优惠等政策极大减轻了中小企业税负，支持创业投资企业的税收优惠拓展了针对中小企业的融资平台，对整个中小企业发展起到了积极的助推作用。从计量分析的结果看：

（1）对经济拉动作用明显。目前，大企业和小企业对于我国经济的发展，起着主要的作用。2012 年，在全国企业中，小微企业占据了大多数，达到了

33800多户，而中大型企业很少，只有9户；2013年统计数据中，大型企业有71户，中小微企业约43800户。在相关数据计算下可得出大企业所占比重很小，约占1%，而小企业却数量庞大，所占比例很高，大约占99.8%。虽然小微企业在规模上相对于大企业来说较小，但是他们为社会提供了大部分的就业机会，在科技创新方面创造了很多科技成果，在税收方面，小微企业每年缴纳的税额在税收总额中占据了不小的比例，在我国国民生产总值中所占比例也不断增加，为我国的经济增长发挥了巨大的拉动作用。

在辽宁省所有企业中，大部分都是小企业，总数超过了二百多万户。全省超过了1100万人在中小企业就业，占据全省就业人数的76%。其中，中小企业提供了大部分新增就业岗位，占据的比例是85%；中小企业上缴税金额占全省税收的42%，完成固定资产投资占全省固定资产投资的50%，中小企业已经成为辽宁经济和社会发展的重要力量。2013年末，辽宁省共有小微企业法人单位31.5万个，占全部企业法人单位95.5%；小微企业法人单位从业人员541.5万人，占全部企业法人单位从业人员51.4%；小微企业法人单位资产总计44547.2亿元，占全部企业法人单位资产总计28.5%，见表8-13。

表8-13　按行业分组小微企业法人单位、从业人员和资产总计

行业	小微企业法人单位/个	从业人员/人	资产总计/亿元
工业	87965	2727231	17467.6
建筑业	18434	867394	1822.5
交通运输业	9983	170397	1100.7
仓储业	1161	14412	494.5
邮政业	401	4510	14.1
信息传输业	1294	10505	395.5
软件和信息技术服务业	6815	60787	437.5
批发业	79620	505952	4225.3
零售业	34326	218928	1102.9
住宿业	2620	45157	180.4
餐饮业	3603	57880	141.9
房地产开发经营	4724	67880	9353.4
物业管理	5094	103322	381.4
租赁和商务服务业	28919	313473	5327.7
其他未列明行业	28370	229897	2049.9
合计	315048	5414946	44547.2

数据来源：辽宁省信息统计网。

2011~2014 年辽宁省落实各项中小企业税收优惠 89.6 亿元；分国地税看，国税系统落实 79.3 亿元，占全部比重 88.5%；地税系统落实 10.3 亿元，占全部比重 11.5%。分年度看，2014 年较 2011 年增加 15.9 亿元，年均增长 24.5%，占全部企业享受税收优惠数额的比重由 10.4%上升到 15%，上升 4.6 个百分点。很明显，中小企业的发展逐渐成为辽宁省不断发展的动力，税收优惠政策对于拉动中小企业发展的作用是比较显著的。

通过相关数据可知，辽宁省中小企业已经成为辽宁经济和社会发展的主要推动力量。国家出台的税收优惠政策对辽宁省的经济效应也是非常明显的。

（2）对就业促进作用明显。中小企业数量多、规模小，所以进出门槛较低，而且中小企业多数为劳动密集型和资源加工型企业，因对从业人员的素质和劳动技能要求相对不高，故而可创造较多的就业机会。税收优惠政策的实施所带来的直接影响往往会降低企业雇用劳动力的成本，企业进而增加对劳动的需求，扩大就业，增加了就业机会。

根据测算，2014 年中小企业税收优惠政策新创造就业机会 3.6 万人，平均每 1 万元税收减免创造就业机会 0.11 人。税收优惠政策对批发和零售业影响最大，创造的 3.6 万就业人数中，批发和零售业有 8696 人，占比 25%。批发和零售业也是小微企业，所以对其影响最大。近几年来，全国高校毕业生人数正在逐年增加，在 2015 年已经达到了 749 万多，未来几年，高校毕业的人数还会增加，强大的就业人数对经济的发展产生了巨大的压力。政府部门通过出台相关的税收优惠政策，促进了省内经济的快速发展，形成了一大批规模企业，在过去的几年里，小微企业吸纳了很多高校毕业生，促进了省内高校毕业生的就业问题。同时，大批高校毕业生进入小微企业，提高了整体的文化素质水平，给企业注入了活力，提高了企业的竞争力。此外，相关的税收优惠政策对于第二产业和第三产业的刺激作用是比较明显，随着税收减免的不断增加，有效地促进了特殊群体就业。通过出台税收优惠政策，对于安置下岗工人、残疾人、退伍军人等特殊人群的企业给予一定的税收减免，比如对安置残疾人员的福利企业增值税实施即征即退，发给残疾人的工资在计算企业所得税时可以加计扣除，增加了这些特殊人群的收入，提高了收入水平，通过税收优惠政策来调节特殊群体的收入水平，实现社会公平。

二、存在的问题

（1）税收优惠政策的法定性不足。法律的支持对于中小企业来说是很重要的，由于我国司法体系的不完善，对于中小企业还缺乏相关的法律约束。正是由于这种不完善，中小企业在发展过程中受到了一定的影响。由于许多税收优惠政策在立法层次上是参差不齐的，而且变化快、企业无法完全了解政策、执行过程中随意性强，这可能为一些人提供了逃税漏税的便捷渠道，造成税收流失。在管理过程中，这种违规行为并不少见。另外税务机关在部分涉税犯罪活动没有独立的审判权力，使得在有关犯罪活动方面没有相应的法律保障手段而不能得到落实，使得一些不法分子容易钻法律漏洞。虽然我国税收优惠政策相对于以前增加了很多，但与发达国家相比，这些优惠政策是远远不够的，尽管相关优惠政策陆续出台，也并没发展成一个相对完善的系统。我国税收优惠相关措施和规定除了在各税法或条例和细则中做出原则性的规定外，大多数文件是由财政部、国税局以通知或是补充规定形式发布，不系统。在辽宁省，税收优惠政策的传导性不足，很多小微企业并不了解有哪些税收优惠政策，优惠的政策宣传也不够，很难激发小微企业的积极性，小微企业不能与税务机构进行有效沟通。

（2）税收优惠面偏窄。根据相关文件，政府对满足条件的小型微利企业按照20%的税率征收企业所得税。但是享有该优惠的条件之一为应纳税所得额是30万元以下，该标准过低，使得享受了该优惠政策的企业会因为纳税所得额过低而享受到较少的减免，甚至有些小微企业在年度企业所得税汇算清缴时，会因为减免税额太少和办理税收手续复杂而自动放弃税收优惠。从整体上来讲，与国外比较，小微企业所承担的税是比较高的，尤其是对于一些创立时间不长的小微企业，在投资税方面，没有享受到很大的优惠。此外，优惠的税收种类也比较少，在增值税方面，优惠的起点也比较高，很多企业都被排除在享受优惠的范围之外了。刚刚创立的小微企业本身实力就不是很强，面临的阻力也比较大，如果没有很好的优惠政策，企业很难发展起来。另外，我国税收优惠政策多针对开创初期的企业，针对其运营过程中的政策优惠并不多。根据相关文件，若下岗、失业人员从事个体经营旅舍、餐饮、美发等第三类服务性行业可享受优惠。但现实生活中大多数人员会选择商业零售、加工、维修等行业，导致扶持不到位。由于个体工商户不是企业，如果业主本人不在可享受优惠范围内，即便雇用优惠范围内的相关人员也不能享受税收优惠，而且享受优惠政策的人员仅限于城镇下岗职工、城镇退役军人、随军家属、残障人和大学毕业生，把大部分集体企业下岗职工、农村退役士兵、进城务工农民排除在外。

（3）税收优惠力度偏小。中小企业在一定程度上解决了社会就业问题，促进了城镇化发展，国家理应给予相应的政策鼓励。然而目前的优惠政策只适用于特定群体，且优惠措施力度不大，针对中小企业政策也是很少，政府在这方面税收优惠力度远远不够。在企业所承担的税中，法人税占的比例其实是很大的，企业在这方面负担挺大。目前，辽宁省小微企业的法人税优惠力度也不够，在增值税等一般的税中优惠很难从根本上减轻企业的负担。另外，小微企业在规模扩大的过程中，需要购买大量的仪器设备，政府在这方面税收优惠力度不大，在设备折旧方面也没有给予更多的优惠政策，造成了小微企业缺乏去扩大生产规模的积极性。这一点在制造业的小微企业中表现比较突出，制造业机器设备更新比较快，这样企业为更新设备不得不付出很大的成本，这些企业在这方面没有很好的设备更新抵免优惠政策，企业想扩大生产规模也无能为力。

中小企业的税费项目，主要集中在增值税、房产税、土地使用税、教育费附加、城市维护建设税、个人所得税、企业印花税等项目，企业性质不同，所缴纳的费用也不同。从企业缴税的情况来看，增值税和所得税占企业缴税的主要部分，而其他税费所占比例很小。也就是说，企业的税费负担重，主要是企业缴纳的增值税和所得税征收的比例较高。但从辽宁省的税费优惠来看，减税的种类主要集中在土地使用税、房产税两个方面，到 2012 年 12 月 31 日进行了减半征收。对符合条件的小型微利企业，减按 20%的税率征收企业所得税。辽宁省的产业结构主要是装备制造业、农产品加工业、石油和冶金工业。以上减税的内容和力度对辽宁省主要产业企业减轻负担作用不大。2014 年，针对中小企业的税收优惠只占全部税收优惠政策的 12. 3%，这与中小企业占企业总数 99. 8%的地位极不相称。此外，据统计，辽宁近三年工业企业一般纳税人平均税负 3%左右，商业企业一般纳税人税负在 1%左右，商业企业一般纳税人的平均税负远远低于小规模纳税人征收率 3%，表明降低征收率后的中小企业，税负依然偏高。

（4）产业导向性不强。我国中小企业具有数目多、分散广的特点。如果实行的税收优惠是针对全部中小企业，就达不到引导产业结构调整的目的，也可能出现对其他企业税收不公平等一系列问题。目前，我国除支持创业投资企业的税收优惠外，现存的税收优惠政策并未明确地划分出哪些项目可以享受先行优惠，对于所有小型微利企业均按 20%税率减免，未能表明导向性问题。在不同行业间基本实行无差别优惠，由于大多数与社会民生、节能安全、环境保护、技术创新等密切相关的行业属于前向关联度较低的行业，无差别的税收优惠对于激励类行业的发展并未起到特别的促进效用。在支持中小企业发展的过程中应有所侧重地为其提供良好的税收环境。通过完善税收优惠政策，引导中小企业向专业化、优质化的方向发展，提升其生存能力。2012 年 11 月召开的党的十八大明确提出，为转变我国经济发展模式，关键在于推进经济结构的战略性调整，而产业结构的调整则为经济结构调整的主要内容之一。而目前，我国税收在产业导向方面的相关优惠政策存在较少，譬如辽宁省是我国东北地区省份，是老工业基地，而江苏省属于我国东部沿海地区，中小企业有着其区域性特色，我国的税收优惠政策是针对全国中小企业的，两个省份都有其区域性的产业结构，但享受的税收政策确实大同小异，这样不同城市由于不同产业所享受到的实际优惠程度的差异性就显现出来了。

（5）配套协调措施不够。我国虽然以立法的形式出台了能够促进中小企业健康稳定发展、改善中小企业发展环境的利好政策，但由于有关配套协调措施不够完善及执行不到位等原因，许多中小企业没有切实得到相关税收政策所带来的优惠。第一，对于不同部门，中小企业的划分没有统一标准，这将会导致在相关支持政策的实行与落实上受到阻碍。第二，相关政策的协调配套措施不完善。由于经济形势错综复杂，变化莫测，在政策实施的过程中依然有不少问题和阻碍的存在，使得实行过程不是那么顺畅。

随着市场行业的不景气，中小企业向银行贷款进行投资越来越困难，而且银行大部分的贷款都是流向国企和央企，中小企业很难得到贷款。中小企业的发展需要融资，企业向银行贷款，需要承担巨大的贷款利息，加剧了企业的负担，中小企业更没有积极性去进行投资了。由于中小企业面临的风险比较大，银行出于这点，也不愿意向中小企业贷款，而且贷款程序比较复杂，需要提交复杂的审核材料，这相当于间接增加了企业的隐形成本。在融资方面，相关税收优惠政策中，用于帮助中小企业融资的政策很少，缺少高效率的措施。由于税收优惠政策侧重于科技产品的应用及创新研发阶段，中小企业由于规模小、抗风险能力差，导致其在融资方面不能得到有效的帮助，其在科技创新阶段的资金投入遇到困难，不利于相关技术的研发。目前，税收优惠政策在中小企业融资方面的协调措施没有着重体现，有待完善。

（6）辽宁省中小企业现行税收优惠政策具体问题。

1）税收优惠政策不系统。当前，中小企业税收优惠政策在辽宁省比较分散，这是因为中小企业税收优惠大多数是由各级行政部门制定，但由于其缺乏权威性和严肃性，使立法层次得不到保障。针对中小企业的税收政策难免出现制定分散、修改频繁、透明度不高等情况，政策的实施难以达到预期效果。

2）税收优惠政策不具有针对性。由于税收优惠政策的制定本质是针对符合某一个或几个特定条件的特定群体，在税收上给予其优惠以鼓励其发展。而辽宁省的税收优惠政策几乎是针对全部企业，基本没有专门针对中小企业这个特殊群体的税收优惠政策。目前，辽宁省的相关政策还无法做到全部根据国家的有关产业政策对国家区域性宏观经济实行调节和控制，在引导中小企业的资金、资源流向国家需要发展的产业方面，导向性不够明确，从而使中小企业在增强经济活力、丰富经济结构、扩大就业、拓展多元生存发展空间方面没能完美发挥其独特优势，地区产业结构的调整和优化作用不明显。

3）税收优惠政策方式单一。当前，我国针对中小企业的税收优惠仅表现在税率优惠和减免税等方面，多数为直接优惠，而像国际上常用的间接优惠方式并不多。从税收公平，公平竞争等方面来说仍有不足，对于中小企业规模投资及一些经营周期长且见效慢的基础设施产业的投资是不利的。辽宁省不断向国际学习税收优惠政策的形式，进而不断完善相关税收优惠方式。

三、对策建议

（1）拓展优惠面。建议将小型微利企业的年应纳税所得额标准进一步提高，将小型微利企业界定为年应纳税所得额低于 50 万元（含 50 万元）的企业。其中，年应纳税所得额不超过 10 万元的部分，免征企业所得税；年应纳税所得额超过 10 万元至 30 万元的部分，其所得减按 80%计算；年应纳税所得额超过 30 万元至 50 万元的部分，其所得减按 60%计算。税收面拓宽之后，小微企业享受到更大的优惠，将会得到更快更好的发展。

（2）降低税负。流转税方面，建议将小规模商业纳税人的征收率进一步下调至 1.5%~2%，对小微企业自成立之日起 2 年内从事增值税业务或营业税业务所实现的增值税或营业税减按 50%征收；所得税方面，建议对小微企业所得税税率在目前 20%基础上进一步降低，在适用税率减半征收的基础上，后期甚至可对新开办的中小企业在一定年度内直接免征所得额。对于创业投资于未上市的中小型的高新技术的企业投资额满两年后抵减当年应纳税所得额的比例由 70%提升到 100%，并将领域扩大到只要不属于国家限制发展行业的中小企业。为有效解决中小企业融资困难等相关问题，除通过优惠政策鼓励银行向中小企业发放贷款的方式外，可对中小企业租赁机器设备给予税收优惠。对中小企业融资租赁方式租入的机器设备在计提折旧时，允许按照折旧额的 150%在企业所得税税前扣除；经营租赁租入的机器设备，建议允许按照支付租金费用的 150%在企业所得税税前扣除。

（3）增强产业导向性。由于我国中小企业数量巨大，现存的税收优惠措施不带有针对性。为了促进产业结构优化升级，有效地分配资源，实现生产要素的规范流动，突出产业相关税收的导向性，我国有关部门应不断完善相关政策，增强产业导向性，有针对性地对有关企业给予优惠。通信业、交通及水利方面都是重要的基础设施，农业和工业是重要的原料，高科技产业又服务于农工业的发展，国家应实行一系列全面的优惠政策，如对产品研发过程中对于设备和工具的损耗实行加速折旧等方式给予优惠。中小企业税收扶持政策的拟定，应该是支持中小型企业发展战略新兴产业和技术创新为主导，并且要能够促进人才和资本向新兴产业流动。为了配合国家产业政策的指导，税收扶持政策的关键是由产成品销售环节转移到对科学和技术研发的补偿中来。同时，对获得突出奉献奖的研究工作者给予相应的税收优惠制度，提高科研对人才的吸引力。具体来说就是利用针对研发费用的税收优惠措施，扶持激励中小企业进行高科技的技术创新。

在实施结构性减税的过程中，综合考虑税收优惠政策对产业链的影响，可以通过执行行业间差别化的税收优惠促进减税目的有效实现。如税收优惠政策的目的是要有效带动整个社会经济的发展，达到税收支出波及效应的最大化，可以考虑在85个产业后向关联度高，影响因子大于1，在以制造业为主的行业中选择性地加大优惠力度。由于这些行业对其他行业拉动效应显著，吸纳就业明显，可采用加速折旧，提高扣除标准，研发经费加倍扣除等税收优惠政策鼓励发展，更有效拉动整个产业链，促进社会经济总量的增长；如税收优惠政策的目的是要对特定行业进行扶持，必须考虑这些行业的产业前向关联度属性，特别对前向关联度低，感应度系数小于0.5，通过间接减免的方式促进其发展效果不明显，而又需要大力发展或关系民生的行业，如社会福利业、社会保障业、计算机云计算等，建议给予直接的税收优惠额度的优惠。

（4）丰富和完善税收优惠方式。发达国家大多采用低税率、设备加速折旧、投资抵免等多项税收优惠手段全方位地促进中小企业的发展。我国的税收优惠政策也应多样化，实现当前以区域优惠、经济性质优惠为主到以产业导向为主的转变，并扩大中小企业的优惠范围及力度。目前，我国税收优惠政策主要是直接优惠、间接优惠两种，而且投资扣除、加速折旧等一些优惠方式较少运用，致使我国优惠方式太过单一，这种状况将不利于充分实现税收优惠应有的作用。直接优惠措施和间接优惠措施适应于不同经济发展阶段。由于短期的直接优惠措施针对其投资的基础产业的激励效应不是很大，而且很容易造成对于劳动密集型产业的过分投资，对国家财政收入造成重大影响，所以当经济发展到一定程度或者水平，应着重选择采用间接优惠措施，为经济可持续协调发展做好保证。为防止税收流失，预防不法分子偷税漏税，我国可以加快改善税收优惠方式。由于包含加速折扣、投资折旧等的间接优惠能够对企业形成间接减免，可以有效延迟纳税行为。我国可以从直接优惠为主的模式向间接优惠方式转变，这样可以有效降低投资风险，体现相关政策性导向，且对税收收入和公平竞争有所保障和改善。

（5）完善配套协调体系。在我国，由于中小企业规模相对较小，抗风险能力差，融资一直是中小企业面临的难题。我国现行税收优惠政策针对中小企业的融资政策是间接的，而未直接给予中小企业相关优惠措施。主要是对贷款与中小企业的银行等金融机构给予减免部分税款、免征相关担保机构部分税款的间接方式，给予金融机构一些优惠政策，来刺激金融机构的贷款政策能够倾向于中小企业，虽然在一定程度上缓解了中小企业的融资压力，但这方面措施还需不断完善。首先，由于创业是一个国家企业发展的强力推动力量，应增加对投资创业于小微型企业的创业者给予的优惠力度。我国目前在创业投资领域进行了大量的实践，我国应建立税收优惠政策用以刺激社会资金能够较多流向中小企业的创业投资，且对这类的创业投资所获得的投资收益给予免征的优惠。其次，对于银行等金融机构针对中小企业的发放贷款所获得的利息给予一定优惠，如在特定时期内免征增值税，并可根据对于金融机构涉农小额贷款的利息收入减按 90%计征所得税的有关规定，对中小企业发放的小额贷款所获得的利息收入按同等规模减免相应税额。再次，倡导担保机构增加对中小企业的信用担保的力度，引入一些无形资产的担保，如专利技术质押担保。最后，对于担保机构有关风险准备金的提取比例应当适量提高最大额度，且在规定比例范围内允许风险准备金可以税前给予扣除。

第九章　辽宁装备制造业经济贡献分析

装备制造业是为国民经济各行业提供技术装备的基础产业，是一个地区综合经济实力和科技进步水平的重要标志。装备制造业一直是辽宁的传统优势产业，经过多年的发展，辽宁装备制造业已形成门类较为齐全、规模较大、具有一定技术水平的产业体系，其经济总量多年位居全国同行业前列，并成为省内工业税收的重要支撑。因此，大力发展装备制造业具有重要意义。税收是经济运行的成果，也是经济运行的晴雨表。在税收征管过程中，特别是近年来在推进税收管理信息化的过程中，税务部门积聚了大量的数据资源，主要有税收收入数据、税收征管数据和税源调查数据。据此，本章侧重从税收及税务部门采集的企业数据角度来观察和反映经济运行情况，把握经济发展方式转变进程，揭示经济运行和发展方式转变方面存在的问题，提出有价值的信息和建议；同时，基于这些信息，也可以更好地、更加全面地发挥税收在加快经济发展方式转变中的职能作用。

第一节　装备制造业主要经济指标情况分析

一、装备制造业概述

（一）概念和分类

目前，世界其他国家包括国际组织并没有提出“装备制造业”这个概念。“装备制造业”的概念可以说是我国所独有。1998 年，中央经济工作会议明确首次提出“要大力发展装备制造业”。制造业的核心是装备制造业，装备制造业又称装备工业，主要是指资本品制造，是为满足国民经济各部门发展和国家安全需要而制造各种技术装备的产业总称。

按照国民经济行业分类，装备制造业的产品范围主要包括机械、电子和兵器工业中的投资类制成品，分属于金属制品业，通用装备制造业，专用设备制造业，汽车制造业，铁路、船舶、航空航天和其他运输设备制造业，电气机械及器材制造业，通信设备计算机及其他电子设备制造业，仪器仪表及文化办公用装备制造业等 8 个大类、189 个小类。按照装备的功能和重要性，装备制造业划分为三大类：一是重大、先进基础机械，即工作“母机”，主要包括数控机床（NC）柔性制造单元（FMC）、柔性制造系统（FMS）、计算机集成制造系统（CIMS）、工业机器人、大规模集成电路及电子制造设备等；二是重要机械和电子基础件，主要是先进液压、气动、轴承、密封、模具、刀具、低压电器、微电子和电力电子器件、仪器仪表及自动化控制系统等；三是重大成套技术设备，如大型水电、火电核电成套设备，超高压交、直流输变电成套设备，石油化工、盐化工成套设备，黑色和有色金属冶炼轧制成套设备，高速铁路、地铁及城市轨道车、汽车、船舶等先进交通运输设备，污水、垃圾及大型烟道气净化处理等大型环保设备，大型科学仪器和医疗设备等。

（二）装备制造业的特点

一是装备制造业范围广、门类多、技术含量高，与其他产业的关联度大，带动性强；二是装备制造业是高就业、节省能（资）源、高附加值产业；三是事关国家经济安全及综合国力，反映了国家在科学技术、工艺设计、材料、加工制造等方面的综合配套能力。特别是一些技术难度大、成套性强，需跨配套行业制造的重大技术装备制造能力，反映了一个国家的经济和技术实力。所以许多工业化国家在工业化成熟阶段都把装备制造业作为其主导产业。

（三）发展装备制造业的重要意义

装备制造业是发展国民经济的重要基础。在众多工业部门中，装备制造业为整个工业提供工作母机，对整个国民经济生产水平和生产手段有着决定性影响，是国家综合经济实力和水平的重要标志。世界上各种技术发明和创造，最终都被装备制造业融合进生产工具的改进之中。装备制造业的发展，不仅仅是一个产业的发展，而且是现实中国工业赶超世界先进水平目标的重要手段，是整个国民经济生产水平的进步。

（四）装备制造业的发展现状

根据有关资料显示，具有国际先进乃至领先水平的装备制造技术云集在美国、日本、德国、法国、意大利和芬兰。纵观当前国际装备制造业的发展，主要呈现分工全球化、产业集群化、制造信息化和服务网络化等四个特点。国际装备制造业转移呈现出四个新趋势，即跨国公司成为转移主要力量，高端产业成为转移的重点领域，收购兼并成为转移的重要形式，中国成为接受转移的重要国家。装备制造业作为我国的战略产业一直受到国家决策层的高度重视，从产业政策上看，近年来国家出台的一系列政策为装备制造业的发展创造了良好的环境。2006

年，国务院发布了《国务院关于加快振兴装备制造业的若干意见》。2007 年财政部、国家发展改革委、海关总署和国家税务总局联合发布了《关于落实国务院关于加快振兴装备制造业的若干意见有关进口税收政策的通知》，明确重大技术装备业将享受进口税收优惠，以提高我国企业的核心竞争力及自主创新能力。为应对国际金融危机的影响，2009 年国际制定了《装备制造业调整和振兴规划》。从近年来全国装备制造业的发展数据看，1991~2007 年，全国装备制造业的工业增加值从 1441.3 亿元上升到 33301.4 亿元，占 GDP 的比重由 7%上升到 13%，占全部工业增加值的比重也由 16%上升到 27%；全国装备制造业销售收入占工业企业的比重由 2002 年的 24.6%上升至 2012 年 31.7%。装备制造业在我国工业现代化过程中的作用日益增强并已经成为重要的经济增长点。

辽宁省是国家从"一五"时期开始重点扶持建设的装备制造业科研生产基地，也是我国重要的军事装备科研生产基地。改革开放后，辽宁的装备制造业体系不断完善，在 189 个小类产品中，辽宁居于全国前 6 位的有 58 个，占 30.7%。2006 年，辽宁装备制造业首次超过冶金、石化，跃升为第一大支柱产业。目前，辽宁装备制造业企业拥有 15 个国家级技术中心和 45 个省级技术中心，涵盖了以机床和轴承为代表的基础类装备，以石化设备和重型矿山设备及输变电设备为代表的重大工程专用设备，以船舶和汽车及机车为代表的交通运输类装备，具备了重大科技装备研发、设计和制造的基础和潜力。辽宁拥有一批国内同行业的排头兵企业。如沈阳机床集团为全国最大的机床开发制造企业，进入世界机床行业 10 强；大森数控占国内中等数控系统 21.6%的市场份额；瓦轴集团主要经营指标在中国轴承行业排名第一，在世界排名第 15 位；大连新船重工集团是我国最大的造船企业。此外，辽宁建设形成了包括航空、航天、兵器、船舶、核工业五大行业，具有国内先进水平的国防科技工业体系，其中船舶、航空和兵器工业在全国军工系统占有重要位置，经济总量位居全国第二，为共和国的国防安全做出了重大贡献。但是，随着"长三角"和"珠三角"经济区的迅速发展，辽宁省装备制造业逐渐被超越。如何实现转变经济发展方式，有效抵御国际市场风险、实现可持续发展，已经成为了辽宁装备制造业必须破解的课题，也是促进社会和谐稳定、全面实现小康社会建设目标的必然要求。为此，必须及时、准确地把握装备制造业发展方式的特点和其变化趋势，为加快装备制造业发展提供有针对性的政策建议。

二、装备制造业经济贡献分析

2002 年以来，辽宁省装备制造业主要经济指标年均增速均快于全部工业企业，为辽宁工业发展做出突出贡献。以增加值数据为例，辽宁规模以上装备制造企业的工业增加值由2002年的331.2亿元上升到2012年的3493亿元，年均增长速度为26.6%；占GDP的比重由6.1%上升到14.1%，占全部工业增加值的比重也由14.2%上升到30.1%。

（一）企业户数及从业人员

2002年，装备制造企业（规模以上，下同）有1880户，占全部规模以上工业企业的31.2%，到2012年，户数增加到5878户，占比提高到33.9%，户数的年均增速为12%，高于全部工业企业0.8个百分点。从主要行业看，通用设备制造业户数最多，2012年达到2047户，其次是专用设备、金属制品和电气机械，上述四个行业户数占整个装备制造业的82.4%；户数最少的是仪器仪表为175户，仅比2002年仅增加74户。

2012年，从业于装备制造的人员有134.1万，同2002年相比年均增长6.8%，比全部工业企业从业人员增速快1.9个百分点，为全省就业增长做出积极贡献。从主要行业看，通用设备和交通运输设备从业人员较多，占比为49.3%，仪器仪表人员最少，2012年仅2.51万人。从户均从业人员变化情况看，各行业2012年比2002年普遍下降，表明企业户数增长大大快于就业人员增长，同时企业规模较大、人员较少的企业数量占比较高。

（二）工业总产值

2002~2012年，辽宁省装备制造业工业总产值（规模以上）逐年上升，从2002年的1340.7亿元上升到2012年的15074.8亿元，10年间增长了11倍多，年均增速27.4%，快于全部工业企业1.5个百分点，占全省工业总产值的比重也由27.7%提高到30.7%。产值增长较快的有专用设备、金属制品、通用设备和电气机械等4个行业，年均增速均超过30%，最低的是通信设备仅增长12.2%，不到其他行业的一半。从总量情况看，2012年通用设备和交通运输设备两个行业分别实现工业总产值4092.4亿元和3593亿元，合计占比51%。从人均情况看，装备制造业从业人员的人均产值不高，2012年为112.5万元，低于全部工业企业8.4万元，这是问题之一。

（三）资产总额

2012年，装备制造业资产总额达到11813.6亿元，同2002年相比年均增长18.3%，高于全部工业企业3.5个百分点，占全省工业总资产的比重也由2002年的24.8%提高到2012年的33.7%。资产增长较快的有金属制品、专用设备和交通运输设备等3个行业，年均增速均超过20%，最低的是通信设备仅增长

9.1%。从总量情况看，2012年交通运输设备和通用设备两个行业拥有资产分别为4203亿元和2445.7亿元，合计占比56.7%。从资产负债率情况看，2002年，全部工业企业资产负债率为59.2%，而装备制造业却高达67.1%，说明在振兴初期，装备制造业加快投资的引进资金步伐，提高贷款比重，负债增加较快，为行业发展注入大量资金，确保加快生产，占领市场。2012年，装备制造业资产负债率为59.4%，虽仍略高于全部工业57.9%的平均水平，但同10年前相比回落幅度较大，一定程度上说明，在经济进入转型调整并出现增幅回落期后，装备制造业主动去杠杆意愿增强，企业面临着再投入减少、生产经营和销售困难增加的局面。

（四）销售及利润

2012年，装备制造业实现销售收入15043.4亿元，占全部工业的31.2%，这一比重比2002年提高了5.8个百分点，同时年均增速达到28%，也高于全部工业企业2.6个百分点。从行业结构情况看，专用设备、金属制品、通用设备和电气机械年均增长均超过30%。

装备制造业利润贡献突出。2012年，装备制造业实现利润930.6亿元，占全部工业的38.2%，比2002年提高了14.7个百分点，同时年均增速达到38%，高于全部工业企业6.4个百分点。从行业结构情况看，交通运输设备和通用设备实现利润总量最大，分别为246亿元和243亿元，占整个装备制造业的53.1%，其中汽车制造实现利润181亿元，表现最为抢眼。

（五）产值与销售关系

企业当期工业总产值与资产总额没有直接关系，它只同资产中的存货有关，资产总额中还包括固定资产、无形资产、可供出售的金融资产、递延所得税资产等，这些都与生产本身无关。但工业总产值与销售收入有直接关系，若当期工业总产值大于销售收入，在产品市场销售不畅前提下，说明当年生产的多，卖出的少，有库存积压。当然，也有可能是产品需求远大于供给（商品供不应求），在这种前提下，企业生产投入快速增长，增加库存，导致一定时期内其实现的工业总产值大于销售收入。

（六）投入产出效率

限于手头数据较少，本章分析投入与产出时，仅从统计年鉴取得有关数据进行装备制造业投入产出效率简要分析。计算公式定义为：投入产出效率=工业增加值/工业总产值+销项税额。2012年，装备制造业投入产出率为22.1%，与全部工业企业平均水平，同其他指标相比贡献还不是很突出，见表 9-1。

表 9-1　2012 年装备制造业主要指标情况

指标	全部工业	装备制造业	占比/%	全部工业 2002～2012 年均增速/%	装备制造业 2002～2012 年均增速/%
企业户数/户	17347	5878	33.9	11.2	12.0
从业人员/万人	405.8	134.1	33.0	4.9	6.8
工业增加值/亿元	11605.1	3493.1	30.1	17.4	26.6
工业总产值/亿元	49031.5	15074.8	30.7	25.9	27.4
销售收入/亿元	48200.0	15043.4	31.2	25.4	28.0
利润总额/亿元	2435.7	930.6	38.2	31.6	38.0
资产总额/亿元	34780.0	11813.6	34.0	14.7	18.3
资产负债率/%	57.9	59.4			
投入产出效率/%	22.1	22.1			

数据来源：2013 年辽宁省统计年鉴，数据口径为规模以上企业。

第二节　从税收与经济关系看装备制造业发展与贡献

一、装备制造业国税收入规模与增长

（一）装备制造业总体税收贡献突出

2002 年，全省装备制造业国税收入 57 亿元，到 2012 年其税收总量增加到 394.3 亿元，年均增长 21.6%，这一增速分别高于全部税收和工业税收 3 和 3.9 个百分点；10 年间，装备制造业国税收入增量为 339.3 亿元，分别占全省国税税收增量和工业税收增量的 23.4% 和 15.5%，装备制造业税收贡献较为突出。自 2009 年后金融危机以来，装备制造业税收增速回落，2002～2008 年，装备制造业税收收入年均增长 23.5%；2009 年以来增速回落至 18.5%，而剔除汽车行业后的其他装备制造业仅增长 5%。一方面，说明汽车行业税收增长快，拉动作用最为突出；另一方面，也表明其他装备制造业受金融危机影响显著，尤其是船舶制造和通信设备两个行业下降明显，税收为负增长。

（二）汽车制造税收贡献居行业前列

对从属于装备制造业的 8 个具体行业情况看，2002 年税收占比最高的前三位是：通用设备（28.9%）、通信设备（14.6%）和铁路船舶（14.2%），2012 年

汽车制造（45.1%）上升至第一位，通用设备和铁路船舶比重下降但仍位列三甲，而通信设备占比仅排在第7位，只有3.9%。从各行业税收年均增速看，2002~2012年增长最快的汽车制造业达到38.6%，近三年增速进一步较快，达到52.6%，而前10年保持两位数增长的通用设备、铁路船舶、电器机械、仪器仪表等行业，增速放缓明显，滑落至个位数甚至为负增长，详见表9-2。

表9-2　2002~2012年辽宁省装备制造业国税收入情况表

行业名称	2002年		2012年		2002~2012年均增速/%	2009~2012年均增速/%
	税收/亿元	占比/%	税收/亿元	占比/%		
装备制造业	57.0	100.0	394.3	100.0	21.3	18.5
其中：金属制品	3.4	6.0	31.2	7.9	24.8	18.2
通用设备	16.5	28.9	62.1	15.8	14.2	5.6
专用设备	7.0	12.3	38.5	9.8	18.6	14.2
汽车制造	6.8	11.9	177.8	45.1	38.6	52.6
铁路船舶	8.1	14.2	40.2	10.2	17.4	-0.3
电气机械及器材	6.2	10.9	24.1	6.1	14.6	5.8
通信设备计算机及其他电子设备	8.3	14.6	15.5	3.9	6.5	-14.3
仪器仪表及文化办公用装备	0.7	1.2	4.8	1.2	21.2	5.7

数据来源：辽宁省国税会统报表。

辽宁省国税重点税源监控系统显示，2012年，在隶属装备制造业的7个大类行业中，交通运输、通用和专用设备制造业的税收贡献率（税收收入与营业收入的比值）排在前列，分别为7.1%、4.8%和4.1%，其次为仪器仪表及文化办公用机械制造业3.9%、电气机械及器材制造业3.8%、金属制品业3.7%、通信设备计算机及其他电子设备制造业1.6%。交通运输设备制造业税收贡献较为突出的主要原因是汽车生产企业除征收增值税、企业所得税外，还要加征消费税，其他6个行业没有消费税，剔除消费税后，交通运输设备制造业的税收贡献率为4.6%。通信设备计算机及其他电子设备制造业由于产品利润率相对其他行业较低，同时享受税收优惠政策的企业比重相对其他行业较大，致使该行业税收贡献最低。

（三）外资企业税收收入总量最大且增速快

2012年，外资装备制造企业入库税收283.8亿元，占装备制造业税收收入的比重为72%，同时税收收入增幅明显快于内资企业，达到了38.4%，内资企业则下降20.2%，但私营企业实现了84.4%的超高增长，见表9-3。这充分表明经济增长回落期内，外资装备制造企业抗风险能力强，私营企业生产效率高。就户均纳税情况而言，内外资企业税收贡献能力悬殊，外资企业虽只有 2490 户，仅占总户数的 4.4%，但户均入库税收达到 1140 万元，为内资企业的 32 倍。

表 9-3　辽宁省装备制造业分注册类型企业税收收入增长情况　（亿元）

企业类型	2011 年	2012 年	增长/%
内资企业	163.4	130.4	-20.2
其中：国有企业	4.6	4.3	-7.5
股份公司	106	79.1	-25.4
私营企业	44.1	81.3	84.4
外资企业	205	283.8	38.4
其中：港澳台投资企业	13.2	12.3	-7.1
外商投资企业	191.8	271.5	41.6

（四）大中型企业税收收入稳步提高，重点税源企业税负较高且波动较小

2012 年，国税纳税前 100 名的企业中，装备制造企业有 19 户，共入库税收 180 亿元，占百强企业税收总收入的比重为 18%，同比增长 23.5%，远高于其他企业的增长。其中纳税过亿元的装备制造企业有 25 户，华晨宝马汽车有限公司、上海通用（沈阳）北盛汽车有限公司在近年全国汽车市场购销两旺的形势下，纳税总额均创历史新高，分别达到 93.8 亿元和 33.6 亿元，成为辽宁装备制造业的龙头企业。全省装备制造业的税源集中程度较高，全省 1%（户数比重）的装备制造企业产生的税收占到全部装备制造业税收的 80%，表明辽宁装备制造业企业整体发展良好，尤其是大中型企业在金融危机之后表现出了良好的发展势头，这也有利于整个行业发展形成“金字塔”结构，带动全省的装备制造业更具生机和活力。

2012 年，辽宁省国税重点税源监控的装备制造企业共有 678 户，比上年增加 20 户，实现计征增值税销售收入 3459 亿元，同比增长 6.9%；入库国内增值税 125 亿元，同比增长 10.3%，增值税税负为 3.3%，与同期持平；实现利润 318.5 亿元，同比增长 21.3%；入库企业所得税 62 亿元，同比增长 9.8%。2012 年，重点税源监控的全部制造企业的增值税税负为 2.1%，装备制造企业的税负明显高于其他制造企业。装备制造企业税负较高的主要原因是相对其他企业的产品，装备制造企业的产品技术含量和附加值较高，受原材料价格的制约较小，只要需求稳定，销售收入和利润就能实现稳步增长。根据重点税源监控系统中的数据初步测算，2012 年，装备制造企业的工业增加值占全部重点税源企业总产值的比重为 23.3%，高于其他制造企业 1.6 个百分点。

（五）沈阳和大连优势突出

沈阳和大连是辽宁装备制造业的主要集聚地。2012 年，这两个市的装备制造企业户数达到 2.84 万户，占全省总户数的比重为 51.5%，两市装备制造业税收占全省装备制造业入库税收的比重高达 86.1%，见表 9-4。

表 9-4 2012 年各市装备制造业税收收入完成情况

地　区	入库税收/亿元	占比/%（地区占全省）
沈阳市	201.4	51.09
大连市	137.9	34.98
鞍山市	11.5	2.92
抚顺市	5.9	1.49
本溪市	2.5	0.63
丹东市	6.5	1.65
锦州市	6.1	1.54
营口市	6.9	1.74
阜新市	2.6	0.65
辽阳市	2.7	0.68
铁岭市	2.6	0.65
朝阳市	2.9	0.74
盘锦市	2.3	0.59
葫芦岛市	2.6	0.65

（六）购销主要集中在东部沿海的三个经济圈

辽宁省装备制造企业购销主要集中在东北三省、京津经济圈、长三角和珠三角地区。以国税部门增值税发票管理系统采集的数据为例，2011 年，全省装备制造业实现国内销售 5516 亿元，其中省内销售 2516 亿元，占比 45.6%，如图 9-1 所示。辽宁省装备制造业对外销售额超过百亿元的地区依次为上海（554 亿元）、北京（327 亿元）、江苏（258 亿元）、山东（225 亿元）、吉林（188 亿元）、广东（183 亿元）、河北（142 亿元）、黑龙江（137 亿元）、浙江（135 亿元）。从辽宁省企业采购情况看，2011 年全省装备制造业企业国内购进 4801 亿元，其中省内采购 3057 亿元，占比 63.7%。辽宁省装备制造企业进货地区主要集中在京津经济圈、长三角、珠三角，采购额排在前 10 名的地区依次为上海（308 亿元）、江苏（258 亿元）、北京（172 亿元）、山东（166 亿元）、河北（146 亿元）、天津（119 亿元）、浙江（115 亿元）、广东（79 亿元）、吉林（66 亿元）、内蒙古（44 亿元）。

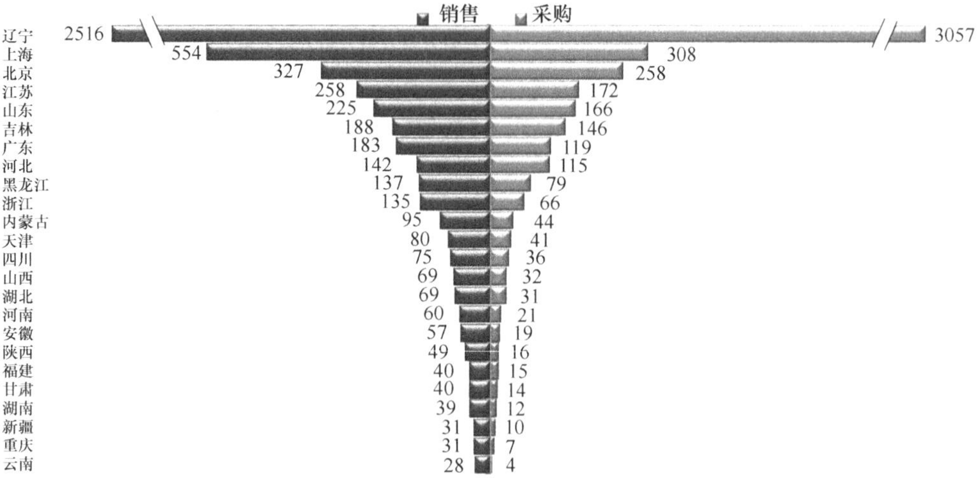

图 9-1　2011 年辽宁省装备制造业主要销售与采购情况（亿元）

二、装备制造业税收与经济关系分析

（一）装备制造业增加值同国税收入实现同步协调增长

图 9-2 数据显示，2003 年以来，大部分年份装备制造业增加值增幅高于税收增幅，但整体趋势相同。2003～2007 年呈快速增长，2007 年以来增幅回落趋势较为明显，2012 年创近 10 年增幅新低。从经济和税收比重变化情况看，如图 9-3 所示，2002 年以来，不论是装备制造业税收占整个工业税收的比重还是对应的经济比重，均呈现逐年递增趋势，除 2002 年税收比重高于经济比重之外，其他年份均低于经济比重，这一现象说明，装备制造业增加值增长快于税收增长（税收年均增长 21.3%，增加值年均增长 26.6%），装备制造企业税收负担相对不高

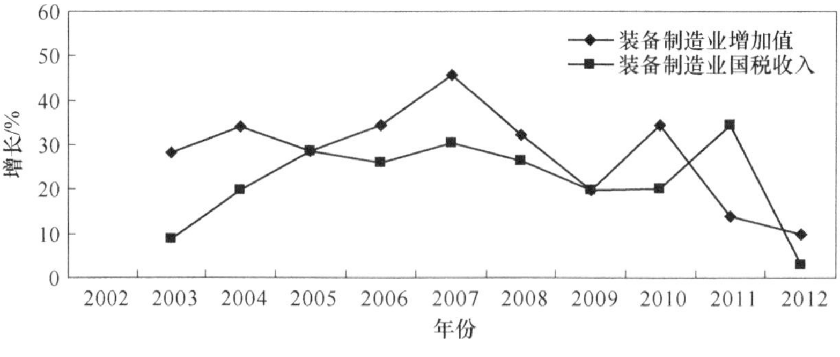

图 9-2　2003～2012 年装备制造业增加值和国税收入年度增幅比较

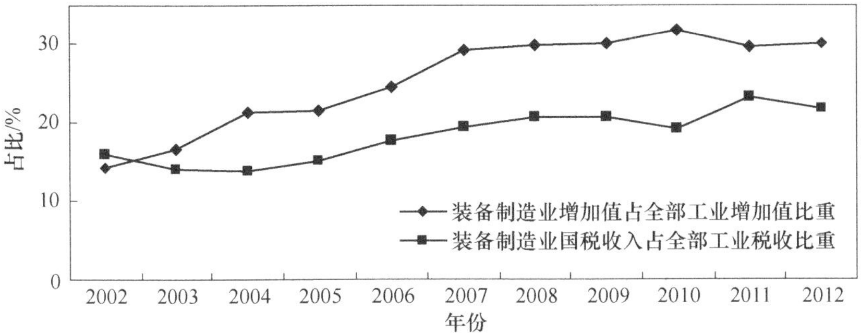

图 9-3 2002~2012 年装备制造业增加值及国税收入占比情况

(装备制造业平均税收负担率 11.5%，全部工业平均税收负担率 16.3%)，适中的税负有利于企业持续发展，从而进一步推动经济持续快速增长。

(二) 装备制造业税收弹性处于合理水平

为了从数量上说明装备制造业增加值和装备制造业国税收入关系，分别对 2002~2012 年这两组数据进行回归分析，过程如下。

设定回归方程如下：

$$T = f(\text{ZHB}, u)$$

式中，u 为随机误差项。

在这个方程中，我们把 ZHB 作为解释变量，将税收收入作为被解释变量（用 T 表示），计算结果如下：

	Coefficients	标准误差	t Stat	P-value	R 的平方=0. 992867
Intercept	12. 64927	8. 417573	1. 5003692	0. 167757	校正 R 的平方=0. 985785
ZHB	0. 107354	0. 004297	24. 98283	1. 27E-09	

从这个结果可以看出，ZHB（解释变量）的系数为正，这说明税收收入和 GDP 的增长存在正相关关系；表示方程拟合优度的指标 R 的平方为 0.986，这说明辽宁 GDP 规模对整个税收收入有决定性的影响。回归方程为：

$$T = 12.64927 + 0.107354 \times \text{ZHB}$$

式中，斜率 0.107354 的实际意义为装备制造业每增加 1 元增加值，装备制造业国税收入增加 0.107354 元。

我们进一步对两组数据建立非线性回归模型（对数模型），得到回归方程：

$$\ln(T) = -0.97689 + 0.842387 \times \ln(\text{ZHB})$$

式中，斜率（弹性）0.842387 的实际意义为装备制造业增加值每增长 1%，其国税收入增长 0.842387%。

以上结论说明，宏观上，装备制造业国税收入与其增加值的增长弹性为 0. 842387，处于 0. 8～1. 2 的合理区间。

（三）装备制造业宏观税负稳中有降

从表 9-5 数据看，装备制造业的宏观税负（税收与增加值之比）总体上呈现逐年回落态势，2005 年之前在 13%以上，2007～2012 年多数在 10%～11%之间变动。从全部税收的宏观税负情况看，2004 年以来稳定在 11%～12%，变化幅度较小。工业税收的宏观税负总体自 2004 年以来呈现回落趋势。装备制造业税收收入年均增长快于其他企业，正是由于税负水平的适当降低带来的，显然，适当降低税负，减轻企业负担，能够有助于税规模持续更快增长。

表 9-5　历年宏观税负情况

年份	全部国税收入	工业国税收入	装备制造业国税收入
2002	8. 9	15. 3	17. 2
2003	9. 9	17. 1	14. 6
2004	11. 0	19. 9	13. 0
2005	11. 0	18. 6	13. 0
2006	10. 4	16. 8	12. 2
2007	10. 7	16. 5	10. 9
2008	10. 6	15. 0	10. 5
2009	10. 9	16. 5	11. 4
2010	11. 8	16. 8	10. 2
2011	11. 0	15. 4	12. 0
2012	10. 8	15. 5	11. 3

三、辽宁装备制造业税收与国内经济发达地区的对比分析

（一）税收收入规模、增速比较

2013 年，辽宁省装备制造业国税收入总量为 415. 8 亿元，同比增长 6. 2%，占全国装备制造业国税收入的 3. 4%，比全国平均增速 9%低了 2. 8 个百分点。

税收规模方面，与鲁、苏、浙、粤四个主要省份比较，辽宁省的装备制造业规模最小，分别只有山东省的 87. 3%，江苏省的 26. 8%，浙江省的 54. 9%，广东省的 26. 5%。

税收增速方面，辽宁省的装备制造业税收增速好于浙江省，低于其他三省，

分别比山东省、江苏省和广东省低 5.2 个百分点、2.2 个百分点和 6.5 个百分点。

从税收规模和增速情况来看，与其他全国主要省份相比，辽宁省的装备制造业发展水平有待提高，如图 9-4 所示。

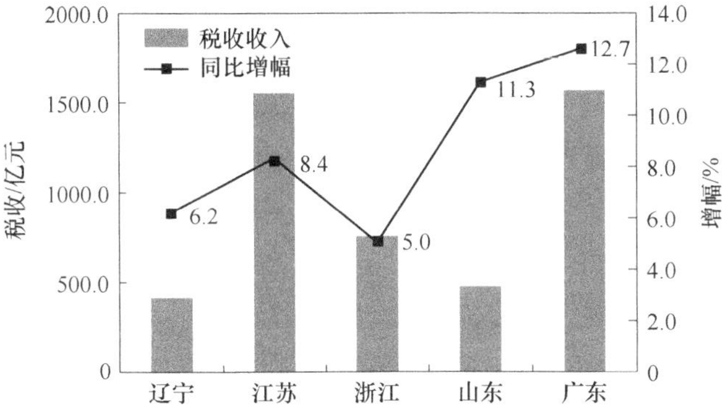

图 9-4　2013 年辽、鲁、苏、浙、粤四省份税收规模与增速比较

（二）装备制造业在总体税收中所占地位分析

2013 年，辽宁省装备制造业税收同比增长 9%，比税收总量增幅-0.1%高出 9.1 个百分点，装备制造业税收的增长水平高于全省平均水平。

全国范围来看，全国的装备制造业和税收总量的增幅基本一致，江苏省和广东省的装备制造业发展水平与全省平均水平接近，浙江省的装备制造业发展水平低于全省平均水平，山东省情况和辽宁省类似，都是全省平均水平明显低于装备制造业发展水平。

装备制造业税收占比方面，2013 年辽宁省装备制造业税收占全省总税收总量的 22.2%，比全国平均水平 17.6%高 4.6 个百分点。与全国其他主要省份相比，低于江苏和广东，高于山东，与浙江接近，见表 9-6 和图 9-5。

表 9-6　2013 年各地区税收增长情况　（%）

地区	税收总量增幅	装备制造业增幅	占比
全国	8.6	9.0	17.6
辽宁	-0.1	6.2	22.2
江苏	7.9	8.4	31.5
浙江	9.8	5.0	21.0
山东	5.9	11.3	15.5
广东	12.0	12.7	26.4

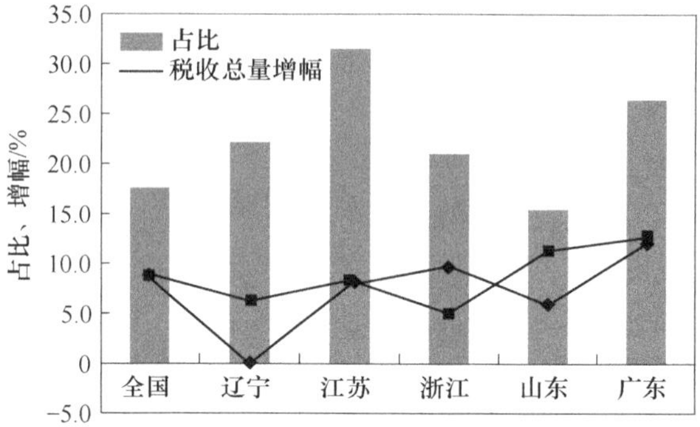

图 9-5 2013 年辽、鲁、苏、浙、粤四省份税收占比与增速比较

（三）主要税种比较

2013 年，辽宁省装备制造业分别完成增值税 251.3 亿元，同比增长 4.3%，比全国平均增幅 10.2% 低 5.9 个百分点；完成消费税 67.4 亿元，同比增长 1.4%，比全国平均增幅 15.6% 低 14.2 个百分点；完成企业所得税 97.1 亿元，同比增长 15.7%，比全国平均增幅 2.0%高 13.7 个百分点。

与鲁、苏、浙、粤四个主要省份比较：

增值税方面，辽宁省装备制造业税收规模和增速都排在最后；消费税方面，辽宁省装备制造业税收规模仅次于广东和江苏，并且与江苏接近，远高于浙江和山东，消费税增速较低，只高于同比减收的浙江；企业所得税方面，辽宁省装备制造业税收规模最小，但是增幅最高。

结合以上情况，与全国其他主要省份相比，辽宁省装备制造业企业增值能力偏弱，且高消耗行业占比较高，综合盈利能力尚可，见表 9-7。

表 9-7 2013 年辽宁省装备制造业主要税种收入与全国及部分地区比较

地区	增值税/亿元			消费税/亿元			企业所得税/亿元		
	本期	同期	增幅/%	本期	同期	增幅/%	本期	同期	增幅/%
全国	8557.9	7763.7	10.2	1105.3	956.0	15.6	2060.6	2019.3	2.0
辽宁	251.3	241.0	4.3	67.4	66.4	1.4	97.1	84.0	15.7
江苏	1112.4	1017.6	9.3	70.7	58.2	21.4	369.6	357.1	3.5
浙江	621.3	583.1	6.5	10.3	11.6	-11.0	125.3	125.8	-0.4
山东	350.2	321.1	9.1	23.4	16.4	42.2	102.7	90.4	13.6
广东	1183.0	1023.5	15.6	109.8	96.8	13.4	274.4	270.6	1.4

（四）行业结构比较

2013年，辽宁省装备制造业中的汽车制造业占比最大，超过50%；仪表仪器制造业占比最小，只占1.1%。与全国平均水平相比，金属制品、专用设备制造、电气机械、通信设备和仪器仪表则低于全国平均占比，通用设备和汽车占比高于全国平均占比。

鲁、苏、浙、粤四个主要省份比较：

辽宁省的汽车制造业占比大幅高出其他省市，也是各主要省份中唯一一个占比超过50%的行业；江苏省各行业占比相对比较均衡，占比最高的汽车制造业也没有超过20%；浙江省占比较高的是通用设备和电气机械，分别占比23.2%和21.4%；山东省占比最高的汽车制造占比22.8%；广东的同通信设备占比最高，达到35.9%，超过全国平均水平一半，比辽宁省高31.3个百分点。

结合以上情况，与全国其他主要省份相比，辽宁省装备制造业集中度过高，过分依赖汽车制造业。高技术含量的新兴行业发展滞后，通信设备占比不足5%，远低于其他主要省份和全国平均水平，见表9-8和图9-6。

表9-8 2013年各省装备制造业分行业税收占比情况表

地区	税收（亿元）	占比/%							
		金属制品	通用	专用	汽车	铁路船舶	电气机械	通信设备	仪器仪表
全国	12264.5	8.7	13.1	9.7	30.6	4.9	13.9	17.7	1.4
辽宁	415.8	6.3	14.1	9.3	52.8	6.8	5.2	4.6	1.1
江苏	1552.7	9.3	18.9	12.7	19.3	6.5	14.6	16.5	2.1
浙江	756.9	14.6	23.2	10.6	12.5	5.7	21.4	9.3	2.7
山东	476.2	11.6	18.1	16.1	22.8	7.4	11.5	11.5	1.1
广东	1567.2	9.7	6.3	5.4	19.8	2.6	18.5	35.9	1.8

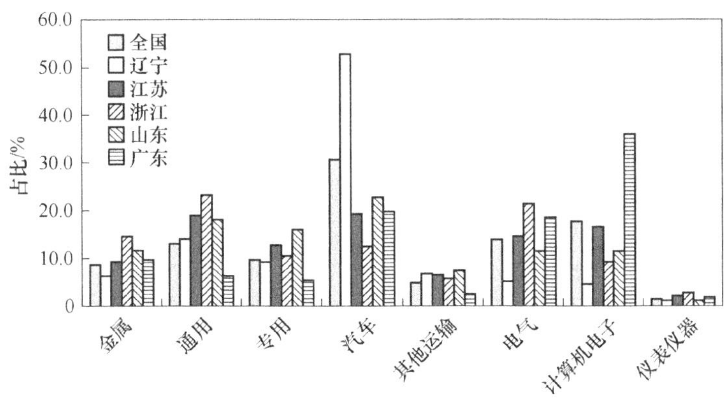

图9-6 2013年各省装备制造业分行业税收占比

第三节　从税收调查数据看装备制造企业对经济社会的贡献

根据辽宁国税部门提供的企业年度税收调查数据资料，对 2012～2013 年度涵盖 35518 户调查企业、19429 户工业企业、18237 户制造企业、7909 户装备制造企业的各类生产经营指标进行了综合分析。

一、主要经营指标占比及贡献分析

2013 年，辽宁省工业四大支柱产业，即装备制造业、石化工业、冶金工业和农产品加工业增加值占全部规模以上工业增加值的比重分别为：31.5%、17.1%、16.4%和 20.2%，装备制造业增加值占比最高。2013 年税收调查数据显示，装备制造业部分财务指标，如主营业务收入、资产总额、利润总额和企业增加值占全部调查的工业企业比重均为最高，见表 9-9，凸显辽宁装备制造企业在整个工业领域的领军和支柱作用。

表 9-9　2013 年四大支柱产业占全部工业占比情况　（%）

财务指标	装备	石化	冶金	农产品加工
主营业务收入	27.2	26.3	20.3	4.0
利润总额	27.5	-4.6	14.5	2.0
资产年末数	28.6	15.5	23.6	3.9
企业增加值	25.5	19.4	14.9	5.3
职工人数	5.9	2.4	2.7	2.1
企业总产值	27.1	28.1	18.8	3.8
经济贡献系数	0.94	0.74	0.73	1.33
资产产出系数	1.06	1.45	1.26	0.72
收益贡献系数	1.01	-0.17	0.71	0.50

数据来源：2013 年税收调查报表系统；说明：因农产品加工企业整体税收规模较小，故税收调查企业面较小。

为进一步合理判断某项分析指标的经济贡献可比程度情况，我们这里构造以下三个指标，即经济贡献系数、资产产出系数和收益贡献系数。其中：

经济贡献系数=企业增加值占比/企业主营业务收入占比，其经济含义是考察分析指标的相对销售收入中含有相对增加值的程度系数，其值大于 1 表明贡献较大。

资产产出系数=企业总产值占比/企业资产总额占比，其经济含义是考察分析指标的相对占有的社会资源中含有相对产出的程度系数，其值大于 1 表明贡献较大。

收益贡献系数=企业利润总额占比/企业主营业务收入占比，其经济含义是考察分析指标的相对销售收入中含有相对利润的程度系数，其值大于1表明贡献较大。

以上税收调查中的四大支柱产业这三项指标情况是：装备制造业经济贡献系数接近1，资产产出系数和收益贡献系数两项指标均高于1，整体对经济贡献程度较高；而石化和冶金产业除了资产产出系数大于1外，增加值和利润的相对贡献较低；农产品加工业增加值相对贡献最高，而产值和利润贡献偏低。

从装备制造业内部行业结构情况看，汽车制造业多项指标比重较高，如利润总额超过一半，增加值、总产值和主营业务收入等三项指标占比接近四成。综合排名第二是通用设备制造业，但该行业盈利能力不高，体现在其利润总额占比仅为5%，排在8个行业的第5位。各项指标占比最低的是仪器仪表行业，各项指标占比均未达到3%。综合三项经济贡献系数情况看，汽车和仪器仪表两个行业贡献较高，通用设备则贡献度最小。详见表9-10和表9-11。

表9-10 2013年各行业占装备制造业比重情况

行业名称	主营业务收入	利润总额	资产年末数	本年企业增加值	职工人数	企业总产值
金属制品	6.6	2.8	6.0	7.3	10.4	6.3
通用设备	18.6	5.0	23.0	16.2	29.0	16.9
专用设备	10.2	7.9	15.5	10.6	11.4	10.9
汽车制造	36.1	56.6	21.8	39.8	15.2	36.3
铁路船舶	12.9	13.6	18.9	13.6	15.9	13.8
电气机械及器材	7.9	3.5	8.8	6.7	7.8	8.3
通信设备计算机及其他电子设备	6.1	8.0	4.7	4.2	7.6	5.3
仪器仪表及文化办公用装备	1.6	2.6	1.4	1.6	2.7	2.2

数据来源：2013年税收调查报表系统。

表9-11 2013年各行业经济贡献系数情况

行业名称	经济贡献系数	资产产出系数	收益贡献系数	平均贡献系数
汽车制造	1.10	1.67	1.57	1.45
仪器仪表及文化办公用装备	1.00	1.57	1.63	1.40
通信设备计算机及其他电子设备	0.69	1.13	1.31	1.04
铁路船舶	1.05	0.73	1.05	0.95
金属制品	1.11	1.05	0.42	0.86

续表 9-11

行业名称	经济贡献系数	资产产出系数	收益贡献系数	平均贡献系数
专用设备	1.04	0.70	0.77	0.84
电气机械及器材	0.85	0.94	0.44	0.74
通用设备	0.87	0.73	0.27	0.62

数据来源：2013 年税收调查报表系统。

2013 年，大连和沈阳地区由于经济总量较大，调查的装备制造企业户数多集中这两个地区，合计占比 70.7%，其中大连市调查户数超过全省一半。从主要财务指标占比情况看，沈阳地区的主营业务收入、利润、企业增加值和企业总产值占比均为全省最高，占比均超过 45%。大连地区资产规模和职工人数占比居首位。其他地区的装备制造企业相对于沈大两市差距较大，其中鞍山、营口和丹东等三个地区各项指标占比相对高一些，盘锦、阜新和本溪等三个地区占比最小，详见表 9-12。

表 9-12　2013 年省内各市装备制造企业部分指标占全省比重情况　(%)

地区	调查户数占比	主营业务收入占比	利润总额占比	资产年末数占比	企业增加值占比	职工人数占比	企业总产值占比
沈阳市	20.4	45.9	54.6	34.9	45.8	26.6	48
大连市	50.3	36.5	37.4	43.2	37.2	44.5	35.1
鞍山市	7	3.9	4.5	4.7	3.9	5.9	3.8
抚顺市	2.6	1.2	0.03	1.8	1	2.2	1.2
本溪市	1.2	0.6	0.4	0.6	0.7	1.9	0.5
丹东市	3.3	1.9	2.3	2.2	2.6	4	2
锦州市	3.2	1.4	1.5	1.5	1.7	2.3	1.4
营口市	2	2.7	0.1	3	1.9	2.8	2.5
阜新市	1.15	0.6	-1.1	1.1	0.6	1	0.6
辽阳市	1.5	0.96	0.1	1.2	0.93	1	0.98
盘锦市	1	0.9	-0.6	1.7	1	1.2	0.9
铁岭市	2	1.23	0.54	1.2	1.3	2.5	1
朝阳市	1.7	0.9	-0.1	1.1	0.6	1.9	0.6
葫芦岛市	2.65	1.31	0.33	1.8	0.77	2.2	1.39

数据来源：2013 年税收调查报表系统。

从 2013 年各市装备制造企业经济贡献系数情况看，沈阳市三项指标均高于 1，其次较好的地区有丹东、锦州、鞍山和大连等 4 个地区，朝阳、盘锦和阜新综合贡献程度最小，详见表 9-13。

表 9-13　2013 年各市装备制造业经济贡献系数情况

地　区	经济贡献系数	资产产出系数	收益贡献系数	平均贡献系数
沈阳市	1.00	1.38	1.19	1.19
丹东市	1.37	0.91	1.21	1.16
锦州市	1.21	0.93	1.07	1.07
鞍山市	1.00	0.81	1.15	0.99
大连市	1.02	0.81	1.02	0.95
本溪市	1.17	0.88	0.67	0.91
铁岭市	1.06	0.83	0.44	0.78
辽阳市	0.97	0.82	0.10	0.63
葫芦岛市	0.59	0.77	0.25	0.54
营口市	0.70	0.83	0.04	0.52
抚顺市	0.83	0.67	0.03	0.51
朝阳市	0.67	0.55	0.11	0.37
盘锦市	1.11	0.53	-0.67	0.32
阜新市	1.00	0.55	-1.83	-0.10

数据来源：2013 年税收调查报表系统。

二、社会贡献率情况分析

（一）社会贡献率

社会贡献率是指企业对社会的总贡献与企业平均资产的比例关系。企业对社会的贡献包括以下主要内容：一是企业向职工发放的工资、奖金以及为职工承担的劳保、统筹和福利支出；二是企业负担的利息支出；三是企业缴纳的各种税费；四是企业获取的净利润。社会贡献率是一项社会效益指标，它反映一个企业占用社会资源对社会的贡献情况。具体公式如下：

社会贡献率＝企业社会贡献总额/企业平均资产总额×100%

根据税收调查有关指标数据测算，2013 年装备制造企业社会贡献率为 12.6%，高于全部调查企业 1.3 个百分点，低于全部工业企业 0.6 个百分点。四大支柱产业比较看，农产品加工业产业最高，为 18.2%，主要是卷烟制造企业拉动；石化产业在原油开采企业社会贡献率较高的拉动下整体水平为 13.5%，也高于装备制造企业；冶金产业最低，为 8.4%，其中黑色金属冶炼和压延加工业仅为 5.2%。从社会贡献率的具体结构情况看，装备制造企业为职工支付的工资、奖金的社会贡献率和净利润贡献率较高，利息支出和税费贡献率较低。

表 9-14 数据表明：一方面，装备制造企业相对于其他企业而言，其税费返还比重较高，资产负债率相对可控且融资还贷压力不大；另一方面，体现为在政府等部门的大力扶持下，企业生产经营效益较好，盈利水平较高，职工福利待遇较好。总体看，装备制造企业对社会的贡献率也将保持在持续稳定的较高水平。

表 9-14　2013 年全部调查企业及主要产业社会贡献率情况测算表

项目指标	全部调查企业	全部工业企业	全部制造业	装备	石化	冶金	农产品加工
净利润/亿元	989.7	921.0	203.5	219.3	-59.1	138.8	12.4
支付给职工以及为职工支付的现金/亿元	2220.8	1598.1	1089.1	512.1	220.6	211.1	114.4
支付的各种税费（已扣减收到的税费返还）/亿元	1637.6	1342.1	951.1	346.4	446.7	181.7	87.8
利息总支出（不扣减利息收入）/亿元	610.6	450.3	337.6	105.1	92.1	108.5	13.1
平均资产总额/亿元	48463.1	32743.1	24578.4	9356.5	5181.2	7648.6	1252.3
社会贡献总额/亿元	5458.6	4311.6	2581.3	1182.9	700.4	640.0	227.7
社会贡献率/%	11.3	13.2	10.5	12.6	13.5	8.4	18.2
其中：净利润贡献率/%	2.0	2.8	0.8	2.3	-1.1	1.8	1.0
工资贡献率/%	4.6	4.9	4.4	5.5	4.3	2.8	9.1
税费贡献率/%	3.4	4.1	3.9	3.7	8.6	2.4	7.0
利息支出贡献率/%	1.3	1.4	1.4	1.1	1.8	1.4	1.0
附：企业收到的税费返还/亿元	217.0	162.8	153.5	71.1	37.9	13.5	11.7

2013 年，装备制造业所属的 8 大行业中，汽车的社会贡献率高达 23.9%，明显高于其他行业。2013 年汽车行业的净利润高达 122.6 亿元，占整个装备制造业的 56%；净缴纳的各种税费 235.6 亿元（8 大行业中，只有汽车整车制造企业缴纳消费税，故税收规模较大），占整个装备制造业的 68%。其中，沈阳市的华晨宝马汽车有限公司和上海通用（沈阳）北盛汽车有限公司这两户企业分别实现净利润 68 亿元和 13.1 亿元，净缴纳税费分别为 133 亿元和 46.7 亿元。仪器仪表、通信设备和金属制品等三个行业，虽然资产规模较小但其社会贡献率却高于整个工业企业和其他装备制造企业，而辽宁具有传统优势的通用设备、专用设备和铁路船舶等行业贡献率较低，其中通用和专用设备净利润贡献水平最低，铁路船舶主要是税费返还占比高，实际缴纳的税费偏低。详见表 9-15。

表 9-15　2013 年装备制造企业所属行业社会贡献率情况测算表

项目指标	金属制品	通用	专用	汽车	铁路船舶	电气机械	通信设备	仪器仪表
净利润/亿元	6.4	7.0	17.8	122.6	31.9	7.5	20.0	6.2
支付给职工以及为职工支付的现金/亿元	44.3	142.2	57.4	89.0	82.7	34.7	50.7	11.2
支付的各种税费（已扣减收到的税费返还）/亿元	19.9	64.1	33.9	235.6	23.4	21.3	12.8	6.5
利息总支出（不扣减利息收入）/亿元	8.9	26.7	15.8	25.2	12.4	12.0	2.9	1.1
平均资产总额/亿元	574.9	2138.3	1433.9	1956.1	1838.8	830.3	457.3	126.9
社会贡献总额/亿元	74.0	231.4	115.9	467.4	124.7	68.9	77.3	23.3
社会贡献率/%	12.9	10.8	8.1	23.9	6.8	8.3	16.9	18.4
其中：净利润贡献率/%	1.1	0.3	1.2	6.3	1.7	0.9	4.4	4.9
工资贡献率/%	7.7	6.6	4.0	4.5	4.5	4.2	11.1	8.8
税费贡献率/%	2.5	2.6	1.7	11.8	-0.1	1.8	0.8	3.8
利息支出贡献率/%	1.6	1.2	1.1	1.3	0.7	1.4	0.6	0.9
附：收到的税费返还/亿元	5.6	8.6	9.1	5.1	25.6	6.5	9.0	1.7

从分地区情况看，全省 14 个市大致分为四个档次：第一档是沈阳和本溪贡献率最高，分别为 18.2%和 17.8%，高于全省平均水平的同时也明显高于其他地区；第二档地区包括鞍山、锦州、丹东和大连等 4 个市，其贡献率在 10%以上但低于全省平均水平；第三档贡献率在 8%左右，地区有铁岭、抚顺、辽阳、朝阳和营口；第四档的葫芦岛、盘锦和阜新，贡献率均不到 5%。如图 9-7 所示。

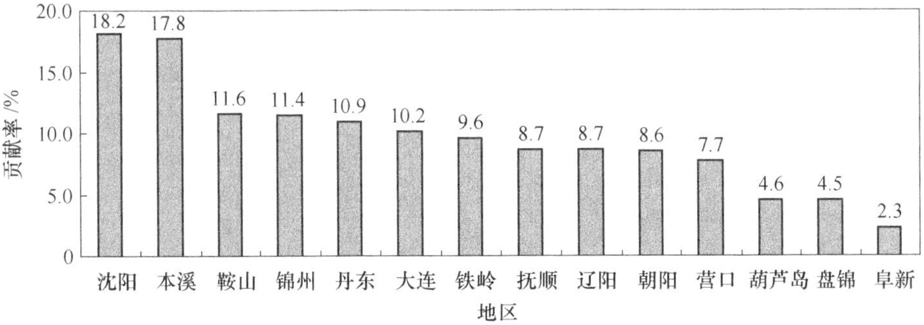

图 9-7　2013 年各市装备制造业社会贡献率情况

从净利润、工资、税费和利息等结构情况看，各市情况各有不同。表 9-16 数据显示，沈阳市主要靠净利润和税费拉动整个装备制造业的社会贡献率，两项指标均为全省最高值；本溪市工资贡献率最高，税费贡献率排第二；辽阳市的利息支出贡献率最大；丹东市各项指标相对最为均衡；大连市 2013 年装备制造企业收到的税费返 42.3 亿元，主要是船舶制造企业，因此，拉低了整个社会贡献率。

表 9-16 2013 年各市装备制造企业社会贡献率构成情况测算表

地区	净利润贡献率/%	工资贡献率/%	税费贡献率/%	利息支出贡献率/%	附：企业收到的税费返还/亿元
沈阳市	3.7	5.3	7.9	1.3	14.9
大连市	2.0	6.1	1.2	0.8	42.3
鞍山市	2.6	4.9	2.5	1.7	3.2
抚顺市	-0.3	5.1	2.8	1.0	0.4
本溪市	1.7	9.4	5.5	1.3	0.1
丹东市	2.7	4.8	2.0	1.3	1.6
锦州市	2.8	5.1	2.3	1.2	1.2
营口市	-0.1	3.6	2.7	1.5	1.4
阜新市	-4.0	3.1	2.5	0.8	0.1
辽阳市	0.1	3.0	2.5	3.1	-0.7
盘锦市	-1.4	3.8	0.8	1.3	2.1
铁岭市	1.2	5.4	1.9	1.1	1.0
朝阳市	-0.3	4.5	2.2	2.2	0.3
葫芦岛市	0.4	3.4	0.0	0.8	3.4

从各市装备制造业具体行业的贡献情况看，各行业贡献率较高的情况分别是：沈阳的汽车和金属制品，大连的电气机械、通信设备和仪器仪表，鞍山的铁路船舶和通用设备，抚顺的专用设备、仪器仪表和汽车，本溪的金属制品和通用设备，丹东的电器机械和通用设备，锦州的铁路船舶，营口的金属制品和专用设备，阜新的汽车，辽阳的通用设备，盘锦的通用设备，铁岭的铁路船舶，朝阳的通信设备和仪器仪表，葫芦岛的专用设备，详见表 9-17。上述地区和相应的行业测算的社会贡献率数值相对高于本地区的其他行业，因此，就其对社会贡献的大小而言，这些行业应是各地政府应予以关注和重点发展的行业。

表 9-17 2013 年各市装备制造企业所属行业社会贡献率情况测算表 （%）

地区	装备制造业	金属制品	通用	专用	汽车	铁路船舶	电气机械	通信设备	仪器仪表
沈阳市	18.2	17.5	10.8	7.6	31.2	16.4	6.0	10.8	19.4
大连市	10.2	11.8	11.8	7.7	15.9	5.4	13.6	19.4	23.7
鞍山市	11.6	10.8	9.8	14.5	3.1	22.8	8.7	14.8	11.2

续表 9-17

地区	装备制造业	金属制品	通用	专用	汽车	铁路船舶	电气机械	通信设备	仪器仪表
抚顺市	8.7	9.7	5.7	18.7	19.4	-2.4	5.7	0.2	20.5
本溪市	17.8	29.6	16.9	2.4	15.5	-1.1	7.0	18.9	2.6
丹东市	10.9	9.5	15.6	10.2	7.3	12.4	15.8	18.7	16.2
锦州市	11.4	7.9	8.8	10.4	12.5	18.7	9.9	13.5	12.0
营口市	7.7	18.7	0.1	16.0	15.0	-1.5	7.2	9.1	—
阜新市	2.3	6.3	9.0	-17.0	11.7	2.6	7.9	7.5	—
辽阳市	8.7	6.7	13.2	8.7	7.8	12.4	6.6	1.5	10.4
盘锦市	4.5	10.6	11.5	3.8	0.3	1.7	6.2	—	4.2
铁岭市	9.6	3.3	12.9	5.9	9.1	52.4	3.8	4.1	18.0
朝阳市	8.6	6.4	10.1	5.0	8.2	—	9.4	42.7	40.9
葫芦岛市	4.6	7.3	9.0	16.5	11.5	1.1	10.4	—	7.2

（二）税收贡献率

税收贡献率是指企业各项税收总额与其平均资产的比例关系。这一指标反映企业占用社会资源对税收的贡献情况，是分析企业效益与税收关系的一项重要指标。具体公式如下：

税收贡献率=企业各项税收总额/企业平均资产总额×100%

综合考虑当前我国税种繁杂，部分税种减免、扣除项目较多，部分企业产品涉及多项税种、重复征税等因素，因此不同行业企业、不同货物劳务税收贡献有一定的不可比性。以下的企业税收贡献率仅分析企业的国内增值税贡献情况，因为国内增值税适用全部工业企业，且税收占比最高，税基为企业的增加值。由此其公式为：

国内增值税贡献率=企业实缴国内增值税额/企业增加值×100%

测算结果显示，2013 年装备制造企业增值税贡献率为 18.95%，比全部工业企业高 1.5 个百分点。从所属 8 个行业情况看，汽车行业贡献率最高，达到 23.53%，电气机械、通用设备、仪器仪表等 3 个行业贡献率也超过 20%，铁路船舶和通信设备最低，分别为 9.56%和 2.96%。近年来，全球的船舶制造业始终处于低迷状态，订单大幅下降，同时该行业生产周期较长，一个年度的增值税纳税情况一定程度上与增加值不能完全对应和匹配。通信电子设备贡献率较低主要是该行业产品没有核心技术，附加值较低，见表 9-18。

表 9-18　2013 年辽宁省装备制造企业所属行业增值税贡献率情况测算表

行业名称	金属	通用	专用	汽车	铁路、船舶、航空航天	电气机械及器材	通信设备计算机及其他电子设备	仪器仪表及文化办公用装备
增值税贡献率/%	16.72	21.89	23.53	25.15	9.56	22.18	2.96	20.21

表 9-19 数据显示，从企业规模情况看，主营业务收入规模与增值税贡献率呈明显的反向变化趋势，即规模越大，贡献越小。年主营业务收入在 10 亿元以上的企业，增值税贡献率为 17.83%，500 万元以下企业则增加近 1 倍，达到 34.18%。

表 9-19　2013 年辽宁省装备制造企业分规模增值税贡献率情况测算表

企业规模（2013 年度企业主营业务收入测算）	10 亿元以上	1 亿~5 亿元	5000 万~1 亿元	2000 万~5000 万元	500 万~2000 万元	500 万元以下
增值税贡献率/%	17.83	18.39	20.61	22.64	26.50	34.18
户数	91	592	450	1139	2572	3065

第四节　问题与建议

一、存在的主要问题

（一）自主创新能力不强、组织管理水平较低、区域内分工合作不足

在外部环境下，珠三角的装备制造业升级得益于香港、台湾的产业结构转型；长三角的江苏、浙江是围绕上海发展起来的，目前已经与上海处于同一水平竞争的关系。当前，辽宁区域一体化尚需整合，加大同东北其他省及省内各市之间协调力度。在核心城市比较方面，珠三角的广州和长三角的上海对区域经济的发展都起到了核心和龙头作用，是区域经济发展的增长极；辽宁以及东北地区装备制造业的发展必须具有核心城市的带动，而沈阳、大连与上海、广州相比，一些经济指标总量差距较大，对其周边地区的辐射和带动作用尚需进一步加强。在生产效率方面，辽宁虽然是一个城市化水平较高的地区，工业基础较为雄厚，但装备制造业的发展还没有形成以主机制造厂为核心、上下延伸的强大产业链，还没有达到高劳动生产率和高效率，装备制造业的带动作用尚需进一步强化。在生产性服务业方面，珠三角和长三角装备制造业的快速发展带动了生产性服务业的迅速发展，为企业带来了巨大的盈利空间，其产值占国内生产总值的比重逐年上升；辽宁装备制造业中生产性服务业发展相对滞后，整体尚未形成产业体系，还

处于低服务形态，发展生产性服务业以便吸纳大批高技能人才的作用还需要进一步加强。

（二）传统装备制造业占有较大比重，新兴装备制造业比重低

辽宁装备制造业内部各行业发展不均衡，通用、专用和交通运输设备制造业无论是产值（66.8%）还是税收（77.4%）都占有较大比重，这与辽宁拥有众多竞争力很强的普通机械制造企业和专用机械制造企业相关。其中，东北地区80%以上的普通机械制造产品都是由辽宁生产的。代表新兴装备制造业的电子及通信设备制造业、仪器仪表设备制造业所占比重较低。这说明，辽宁装备制造业的发展不是靠新兴装备制造业拉动的，新兴装备制造业相对较弱。

（三）产业总体呈现大而不强的状况，行业可持续发展问题不容忽视

辽宁装备制造业尽管近年来有了较快的发展，但目前还没有规模较大的集团企业，独立上市的公司也凤毛麟角，中小企业数量多、规模小的特点仍旧明显，行业集中度偏低的状况未能改变。同时由于行业支撑高端产品发展的技术来源基本依赖国外，拥有自主知识产权的装备和技术较少，也使得产业可持续发展能力不强的问题较为突出。目前，辽宁装备工业产品出口质量、效益不高，以劳动密集型、加工型和价值链低端产品为主，而技术密集型的重大成套设备少，成套和总集成能力弱。自主品牌出口所占比例较低，绝大多数出口使用外方品牌的加工贸易或以贴牌生产为主的订单贸易，在国际分工中处于产业链的低端。自主创新能力较弱的问题严重削弱了辽宁装备制造业的国际竞争力，影响着行业的可持续发展。

（四）地区差异大、行业发展不均衡

辽宁装备制造业无论是税收规模还是纳税户数都主要集中在沈阳和大连两个市，2013年，其他12个市的税收收入比重只有13.1%。此外，12市只有14户企业入围全省装备制造业纳税百强，前10强也全部来自沈阳和大连。近几年来，辽宁装备制造业税收收入实现较快增长的主要原因是税收占比较高的汽车制造业迅猛发展，其他7个行业则乏力，由此表明辽宁省装备制造业尚存行业发展不均衡的现象。

（五）辽宁省与鲁、苏、浙、粤四省税收差异较大

虽然辽宁省装备制造业的税收增长快于全省的总体税收增速，装备制造业税收在总税收中的比重与这四个省份的平均水平相当，略高于全国平均水平。但大部分税收指标落后于四省，主要体现在：（1）与鲁、苏、浙、粤四省相比，辽

宁装备制造业总量较低、增幅较慢，总体发展水平落后于这四个全国主要省份。(2) 辽宁装备制造业的增值税收入增速低于这四个省份；消费税总量在装备制造业税收体量较小的情况仍然仅次于广东，与江苏持平，远高于山东和浙江。(3) 辽宁省装备制造业税收高度集中在汽车制造业，其他行业与这四个省份相比，占比偏低，尤其是代表高新技术领域的电子设备制造和仪表仪器制造，辽宁省的占比与其他省份相比更是差异明显。

二、加快辽宁省装备制造业发展的相关建议

综上所述，辽宁装备制造业的发展基本上是与全国同步，重点企业、个别行业跃升，总体水平略低于全国平均水平。辽宁新增装备制造业企业、域外投资装备制造业，还没有形成气候，集聚发展的态势尚未明朗，还不够强劲。在合理选择优势区位，深化改革、进行新体制机制的创新，全省乃至东北地区腹地范围内的生产要素优化重组，促成产业集聚的环境氛围等方面，还有很大的潜力和挖掘的空间。

（一）树立改革创新发展观，强化以市场为主、政府为辅

一是要正确认识经济发展的阶段性特征，深刻认识到辽宁的经济发展已经步入了增速放缓期、结构调整的镇痛期和前期刺激政策的消化期的新阶段，三期叠加相互交织、相互影响，是当前老工业基地最显著的阶段性的特征，这给改革发展提出了新要求，需要主动适应新常态，保持战略上的平常心和定力。这种特征并不是一时的，不是周期性的，而是相对稳定和持续的，是结构性的，对这个新常态新特征，必须深刻认识、全面把握，并以此作为分析形势研究问题，作出决策和判断出发点、立足点和着眼点。二是习近平总书记指出跨越三期叠加阶段的根本出路是创新发展，必须把近期要解决的难题和长远要达到的目标更好地结合起来，找到平衡点，不能光顾眼前交一个好成绩单，把问题积累下来，隐患就会总爆发。因此必须把转方式、调结构放在突出的位置，针对突出问题主动作为，勇闯难关，努力提高创新型发展的能力，提高产业竞争力，提高经济质量和效益。总书记说，这既是我们的现实担当，也是我们的历史责任。李克强总理指出，推动发展从根本上要向体制改革要动力、向结构调整要助力、向民生改善要潜力；政府要简政放权，工作中要着力激发市场活力，加快改革举措落地；要努力增加公共产品的有效供给，持续加强民生保障；要综合施策，支持实体经济做强，培育新的增长点。三是要抓住机遇，突出重点，全面贯彻落实国务院支持东北振兴各项政策举措，确保经济持续健康发展。充分发挥辽宁装备制造业的传统优势，抓好重点领域的改革和重大课题的调研，要广泛同先进地区进行合作，进一步打造产学研平台，争取国家一级研究中心和重点实验室落在辽宁。

（二）加强合作，明确分工，提高区域一体化水平

突破行政区划限制，建立顺畅的合作机制是区域合作成功的重要方面。建议辽宁要从政府和企业不同层面建立区域合作的沟通和协作机制，以要素整合和市场导向为前提，跨行政区域进行装备制造业结构调整和资源整合。在研发上，要加强省级和城际的横向联系和共性技术研究；在生产上，要加强区域分工与合作，强化产业关联性；在布局上，要避免产业同构，加强与域外地区的协作互动。

（三）以沈阳和大连为增长极，做强做大

珠三角和长三角的实践证明，核心城市或城市群是促进区域经济增长的主要载体和实现可持续发展的重要依托。建议辽宁乃至于整个东北地区，应实行以沈阳和大连为中心，构建具有层次结构的产业聚集，辐射和带动整个区域装备制造业的发展。沈阳和大连相对于珠三角和长三角的核心城市来说，具有自然资源丰富和劳动力成本、土地成本较低的比较优势，完全有希望培育成为带动全省及东北地区装备制造业的区域增长极。

（四）大力发展民营企业和税收贡献率较高的装备制造业，强化围绕主机制造厂进行配套协作

珠三角和长三角装备制造业的快速发展在很大程度上得益于民营经济的超常规发展和与主机制造厂之间的紧密配套。民营经济受行政机制的束缚相对较少，民营资本的趋利性要求必然使其投资按照市场原则向区域增长极聚集，从而促进产业更快发展。发展私营装备制造业，必须以产业链分工为依托，使大批中小型民营企业紧紧围绕主机制造厂进行分工协作。建议要采取积极有效措施鼓励民营企业发展装备制造业，主要措施包括：一是积极构建与中小民营企业发展相适应的制度体系，建立产权主体多元化的财产组织形式，构成相互监督、相互支持、风险共担的多元化投资主体，促进公司转变经营机制，建立现代企业制度。二是积极营造公平、公正的外部环境。首先，完善投融资渠道，激活资本，允许民间资本组建股份制商业银行，为民营企业借贷增添新的渠道；其次，健全和完善担保体系，扩大现有担保公司基金规模，广泛吸引中小民营企业入股，以解决现有担保公司资金不足问题，积极筹建民营企业贷款担保资金，开展担保业务；再次，加大金融机构对中小民营企业的融资力度，尤其是追加贷款投资的力度，一视同仁，适当简化审批程序，适应中小民营企业贷款金额较小、笔数较多和时效性较强的特点。

此外，建议加快发展交通运输设备制造业、通用设备制造业和专用设备制造业等税收贡献率较高的行业，这些行业一直是辽宁经济和税收发展的支柱行业，

尤其是辽宁拥有一批在全国乃至世界范围内规模较大、产值较高、效益较好的重点企业，为此建议政府做好统一规划，强化围绕机床、造船、汽车、轴承等重点主机制造厂进行配套协作，加速发展重点企业的同时，带动相关中小企业形成良性循环、共同发展的局面。

（五）提高产业技术创新力和产品品质，增强出口能力和效益

建议辽宁要进一步实施以自主创新为主导的技术进步发展战略。一方面，加强对国外先进技术的消化与吸收，突出辽宁企业的二次创新，减少产业发展的对外依赖性；另一方面，以重大项目为依托，以龙头企业为主力，将产业内各种创新力量进行有机组合，围绕产业发展的瓶颈以及关键技术，推进产学研结合，协同组织攻关，同时重视提升产品品牌、质量以及售后服务，进一步增强产品的国际竞争力，提高出口效益。

（六）推动行业重组，培育具有国际竞争力的大企业大集团

装备制造业是资金、技术密集型特点鲜明的产业，规模经济是获取成本优势的重要来源。为此，建议辽宁要把提高装备制造业的核心竞争力、提高产业规模作为主要方面，采取多种措施，加快企业战略性调整与重组，推动跨地区、跨行业、跨所有制兼并与联合，提高专业化分工和社会化生产程度，进一步发展一批核心竞争力强、主导产品优势突出的大型企业集团，同时鼓励装备制造企业与上下游企业、研发机构组建战略联盟，实现优势互补，提高产业整体竞争力。

（七）拓展装备制造业产业链条，转变经济发展方式

装备制造业在国民经济中虽然有举足轻重的地位，但其在国际产业链的“微笑曲线”中（“V”型曲线）却处于弧底部分，与弧型两端的生产性服务业相比，利润率至少低 15~20 个百分点。随着生产规模的扩大和专业化的加深，装备制造业成本逐步降低，而交易成本逐步升高。在行业竞争日益加剧的情况下，交易成本在企业总成本中所占比重越来越大，而交易成本的降低在很大程度上要依赖于生产性服务业，特别是现代物流、金融保险、法律服务、会计服务、管理咨询、广告服务、技术中介等服务业的发展。另一方面，随着我国人口老龄化趋势加强和农村剩余劳动力向非农产业转移的逐年减少，“刘易斯拐点”（即劳动力过剩向短缺转折的转折点）将是我国未来 10 年最大的加剧拐点。在此期间，人口红利逐渐消失，初级个人薪资水平和劳动力成本会成倍提高，辽宁省乃至全国制造业优势将逐渐消退。从苹果等国际品牌在东南亚地区纷纷建厂就可以初窥端倪。吸取美国和亚洲四小龙经济发展的经验和教训，建议辽宁应未雨绸缪，积极拓展和完善装备制造业产业链，使整个产业向“V”型两端发展，对全省具有一

定规模和条件的装备制造企业实行主辅分离，以提高生产性服务业发展水平，促进现代服务业互动发展，实现企业减员增收和地方财政增收的双赢。

（八）加强装备制造业的项目建设

一是注重经济运行的质量和效果，绝不能进行低水平重复建设和为完成计划盲目投资。项目建设既关系到现在，更关系到以后和长远的发展，振兴东北老工业基地，没有很好的项目，中央投资扶持就没有载体。二是项目建设的投资一定要运用市场机制，政府性投资要从严把关，要发挥市场机制作用。三是保证项目投资起到各种强化推进各项改革的作用。现在，关键问题是政府如何帮助改革措施出台以及抓好落实，政府出台的改革措施目的是要为企业松绑，给企业创造条件，中小企业的发展现在成本仍然很高，辽宁改革和南方比差距仍然很大，还没有做到位，各项改革措施还没有落到实处，还需要进一步加大推进工作的力度。

（九）加大财税金融等政策支持力度，进一步创造良好的发展环境

一是建议政府及相关部门，对引进的大项目，免除所有行政事业性收费，优先提供专项经费予以支持；对获得国家和省专项资金支持的项目，优先给予配套资金支持；为出口企业提供信贷支持，鼓励企业扩大出口；支持国内企业承揽国外重大工程，带动成套设备和施工机械出口；加强政府采购扶持力度，鼓励省内国产设备首购首用，对订购和使用省内首台（套）国产重大技术装备的重点建设工程和技改项目予以支持。

二是在企业所得税优惠政策方面应发挥促进装备制造业发展的积极作用，其中包括：加大固定资产折旧力度，促使企业尽快回收投资成本，提高装备制造业的再生产能力；调整所得税减免思路，压缩一般性减免，重点支持科研开发；继续实施再投资退税和投资抵免制度；大力支持企业进行技术开发，加大技术开发资助和研究开发费用扣除力度，调动全社会力量为企业进行技术创新提供良好条件。

三是全力配合营业税改征增值税政策的实施。“营改增”政策能够消除目前对货物和劳务分别征收增值税与营业税所产生的重复征税问题，通过优化税制结构和减轻税收负担，为深化产业分工和加快现代服务业发展提供良好的制度支持，进而有益于促进装备制造业实现低成本、高效益的持续发展，加快经济发展方式转变和经济结构调整的步伐。

第十章　结构调整中的税收与经济关系分析

第一节　总量与结构分析

一、税收总量与结构

（一）税收收入规模

1995~2012 年，辽宁省税收收入规模呈现逐年上升趋势，年均增长 16.7%。2012 年税收收入规模达到 4818.2 亿元，占全国税收的比重为 4.35%，排在全国第 7 位。其中，国税收入规模为 2669.1 亿元，地税收入规模为 2149.1 亿元，分别排在全国国、地税部门的第 8 位和第 7 位。

（二）税收收入结构

1. 税种结构

2012 年税收收入规模过百亿的税种共有 9 个，分别为：增值税[①] 1605.4 亿元，占比 33.3%；营业税 609.9 亿元，占比 12.7%；企业所得税 599.3 亿元，占比 12.4%；消费税[②] 557.5 亿元，占比 11.6%；耕地占用税 225.2 亿元，占比 4.7%；城镇土地使用税 221.9 亿元，占比 4.6%；契税 217.5 亿元，占比 4.5%；土地增值税 190.4 亿元，占比 4%；个人所得税 152.3 亿元，占比 3.2%。

2. 产业结构

辽宁省税收主要分布在第二产业和第三产业。第二产业税收规模由 2003 年的 540.9 亿元增加到 2012 年的 2545.2 亿元，年均增速为 18.8%，占全部税收的比重则由 2003 年的 61.5%下降到 2012 年的 52.8%。第三产业税收规模由 2003 年的 320.9 亿元增加到 2012 年的 2260.7 亿元，年均增速为 24.2%，高出第二产业 5.4 个百分点，占全部税收的比重由 2003 年的 36.5%上升到 2012 年的 46.9%。

---

① 包括国内增值税和海关部门代征的进口货物增值税。

② 包括国内消费税和海关部门代征的进口货物消费税。

3. 行业结构

2012年，辽宁省税收规模较大的行业主要包括：制造业1727.7亿元，批发零售业658.3亿元，房地产业575.5亿元，采矿业413.3亿元和金融业270.2亿元。

4. 所有制结构

2012年，辽宁省内资企业、外资企业和个体经营税收规模分别达到3504.6亿元、1046亿元和267.6亿元，分别占全部税收的72.7%、21.7%和5.6%。内资企业中，税收规模较大的是股份公司1936.8亿元、国有企业636.1亿元、私营企业551.7亿元；外资企业中，外商投资企业和港澳台投资企业税收分别为729.3亿元和316.7亿元。

二、经济总量与结构

（一）主要宏观指标发展状况

2001年以来，辽宁省已连续12年超过全国平均增速，特别是振兴以来年均增速达到13.5%，高出全国2.6个百分点。投资、消费和进出口“三驾马车”中，投资拉动作用最为明显。2012年，辽宁固定资产投资、社会消费品零售总额和进出口总额规模分别排在全国的第3位、第6位和第8位。辽宁的产业结构、区域结构和所有制结构也在不断调整优化。2012年三次产业结构之比为8.7：53.8：37.5。实施振兴战略以来，辽宁进一步整合资源配置，积极加快沿海经济带开发开放，构建并完善沈阳经济区，实施突破辽西北战略，全省已形成两大城市带动辐射、沿海腹地良性互动、三大区域统筹协调的发展格局。2012年，辽宁国有资产占全部资产比重已由20世纪80年代的70%降到37%。与此同时，民营经济不断发展壮大，2012年全省私营企业实现工业总产值22354.3亿元，同比增长20%，其规模占全部工业总产值的45.4%，其速度比全部工业总产值的增速快10个百分点。

（二）就业结构逐步改善

近年来，辽宁省第二、第三产业就业人口的比重大致为28%和39%，第三产业就业人口的比重高于第二产业，同时年均增长速度也快于第二产业，这与二、三产业的GDP变化相反。这一现象说明：第三产业是吸收由第二产业结构调整造成的失业人口的最主要产业；第二产业则在就业人口保持相对稳定的范围内，比重和增速均实现了持续发展，表明辽宁的第二产业总体发展趋势是逐步向资本密集型和技术密集型产业演变，较高技术含量和资本规模的工业行业的比重有进一步的提高。

（三）辽宁省产业结构合理性的初步评价

根据库兹涅茨①的研究成果，工业化进入后期阶段的一个重要特征是第一产业比重下降到10%左右，第二产业比重迅速上升到最高水平，此后第二产业的比重转为相对稳定或有所下降。从静态数据看，辽宁的第二和第三产业已经占全省国内生产总值的90%以上，可以说辽宁的经济结构演进早已进入了以第二、第三产业为主的阶段。目前及未来一个时期，辽宁省产业结构的变化趋势仍将与之相符，第三产业GDP的比重还将不会超过第二产业，产业结构在一个相当长时期内将处于从“二三一”向“三二一”的调整中。

第二节　结构调整中的税收与经济关系分析

一、税收与主要经济指标的数量关系

从历年税收占GDP的比重情况看，呈现出较为明显的上升趋势。1995年的比重为12.5%，2005年达到15.5%，2012年进一步上升到19.4%。为进一步从数量上说明税收与主要经济指标的关系，我们对1995~2012年的辽宁税收与相关经济指标数据进行了回归分析，分析结果如下：

（1）税收收入与GDP。GDP每增加1亿元，税收收入增加2020万元，其中国税收入增加1160万元，地税收入增加860万元；GDP每增长1%，税收收入增长1.23%，其中国税收入增长1.18%，地税收入增长1.32%。

（2）税收收入与固定资产投资额。固定资产投资额每增加1亿元，税收收入增加2059万元，其中国税收入增加1178万元，地税收入增加881万元；固定资产投资额每增长1%，税收收入增长0.73%，其中国税收入增长0.7%，地税收入增长0.78%。

（3）税收收入与社会消费品零售总额。社会消费品零售总额每增加1亿元，税收收入增加5557.2万元，其中国税收入增加3180.8万元，地税收入增加2376.4万元；社会消费品零售总额每增长1%，税收收入增长1.28%，其中国税收入增长1.22%，地税收入增长1.42%。

---

① 美国经济学家库兹涅茨进一步发展了产业结构演进理论，他用1958年世界各国的经济结构截面数据说明，在国民收入较低的水平下，第二和第三产业在国民经济中的地位迅速上升，但是其内部结构并没有太大变化。而在人均收入较高的区间内，服务业的比重随着收入上升而有显著上升。1958年正是西方社会工业化发展最成熟的时期，如果考察现在的截面数据，将会发现，在较高收入区间内，第三产业的比重随着收入的增加显著上升。

二、第二、三产业变动凸显税收与经济增长实现良性互动

2003~2012年，辽宁第二产业和第三产业的税收占全部税收的平均比重为55.5%和40.2%，基本与二、三产业的增加值占全部GDP的比重相当。2003年以来，辽宁第二产业税收与增加值的弹性系数为1.02，第三产业税收与增加值的弹性系数为1.53。第二产业的税收占主体的原因是辽宁处于工业发展阶段，是经济运行在税收方面的必然体现。但从第三产业税收弹性大于第二产业的情况看，说明10年来，辽宁的第三产业贡献速度加快，产业结构优化、调整的效果初步显现。

为进一步分析税收与经济增长在结构调整中的互动关系，本章引进以下指标。

（1）产业税负。

产业税负=产业税收/产业增加值×100%

产业税负即单位产值的税收负担率，用以反映产业的税收课征力度及税负的轻重与否。产业税负的值越大，表明产业税收负担越重。单纯从财政角度考虑，希望税负大一些，以获得更多的国家税收；但从产业经济的长远发展看，则期望税负越轻越好。理论和实践都已证明税负与经济增长呈反比关系："高税负低增长，低税负高增长"。我国的宏观税负，有关专家认为在18%~25%之间比较合适。

（2）产业税收弹性系数。

产业税收弹性系数=产业税收增长率/产业GDP增长率×100%

产业税收弹性系数用以反映产业税收与产业经济的"同步增长"情况。弹性系数大于1，说明税收超经济增长；弹性系数小于1，说明税收增长滞后于经济。理论上认为税收弹性系数在0.8~1.2之间比较合适。

（3）税收协调系数。

税收协调系数=产业税收比重/产业GDP比重=（产业税收/税收总收入）×（GDP总额/产业增加值）=产业税负/宏观税负

税收协调系数是反映产业税收贡献与经济贡献协调程度的指标。当协调系数明显大于1或小于1时，说明产业税收贡献与经济贡献不协调，前者反映税收超贡献，后者反映税收贡献不足。协调系数等于1时，说明产业的税收贡献与经济贡献保持同步、协调增长。当然，实践中要求协调系数完全等于1是不现实的，但理论上希望在1附近波动，既不"鞭打快牛"，又避免"马太效应"。由上式的推导过程可以看出，若将宏观税负视为"平均税负"，则协调系数具有"相对税负"的意义，这就使协调系数用于产业间的税负比较将更具可比性。2003~2012年的辽宁省产业税负、弹性和协调系数见表10-1。

表 10-1 辽宁省第二、三产业税负、弹性和协调系数

年份	第二产业			第三产业		
	产业税负/%	弹性系数	协调系数	产业税负/%	弹性系数	协调系数
2003	18.66		1.27	12.90		0.88
2004	21.49	3.85	1.33	14.18	1.86	0.88
2005	20.37	0.75	1.29	13.95	0.89	0.88
2006	18.91	0.53	1.22	14.49	1.29	0.94
2007	19.22	1.09	1.19	15.83	1.60	0.98
2008	17.94	0.70	1.05	18.12	2.05	1.06
2009	18.98	1.61	1.06	17.63	0.77	0.98
2010	19.51	1.14	1.00	19.89	1.92	1.02
2011	18.47	0.70	0.96	20.57	1.21	1.07
2012	19.08	1.37	0.98	24.29	2.47	1.25
均值	19.07	1.02	1.07	18.59	1.53	1.04

自2003年以来，辽宁第二产业的税收弹性系数平均值为1.02，与经济保持同步增长；平均税负19.07%，处于合理区间；协调系数为1.07，说明第二产业的税收贡献高于经济贡献。第三产业税负为18.59%，略低于第二产业，但从2009年以来的走势看，呈现逐年提高的趋势，同时也高于同期的第二产业；第三产业的弹性系数大于1.2的年份较多，说明近年来第三产业税收增长较快；第三产业的协调系数为1.04，期税收贡献亦高于经济贡献。

三、重点行业税收与经济协调增长

工业、建筑业等传统行业持续增长。2012年，全部工业增加值按照现价计算比上年增长9.5%，工业投资增长23.9%；反映到税收上，当年全省工业税收增长10.6%，其中原油开采业增长24.6%，成品油制造业增长16.4%。2012年，建筑业增加值按照现价计算增长11.7%，税收增长39.2%。从重点行业税收增长情况看，汽车、房地产等新兴产业税收增长迅速。2012年，汽车产量增长15.5%，汽车制造业的税收增长35.1%；房地产开发投资增长21.6%，商品房销售额增长22.2%，促进了房地产业税收增长32.7%。此外，信息传输、计算机服务和软件业税收增长18.4%，金融业税收增长44%。

四、宏观税负稳步提升

2002~2012年，全省宏观税负（不含海关代征“两税”税收/GDP）逐年提高，由2002年的12%上升到2012年的16.6%，10年间提高了4.6个百分点。其中，提高幅度较大的地区是辽阳和葫芦岛，2012年宏观税负分别为19.1%和

20.3%，分别比2002年提高9和7.8个百分点；其次为锦州、沈阳和大连，分别提高4.1、3.6和3个百分点。

五、各市税收与经济匹配程度有所差异

对辽宁省14个市2002~2012年10个年度的各项指标的均值进行综合分析。分析指标包括：税收比重、税收贡献（增量比重）、税收增速、宏观税负（不含海关代征“两税”的地区税收/地区GDP）、税收弹性和协调系数（地区税收比重/地区GDP比重）。测算结果显示（见表10-2）。从总体情况看，大部分地区税收弹性大于1，税收增长快于经济增长，具体结果归纳为三类情况。

表10-2　2002~2012年分地区综合测试指标情况

地区	税收比重/%	税收贡献/%	税收增速/%	宏观税负/%	税收弹性	协调系数
全省	100.0	100.0	20.2	15.0	1.23	
沈阳	23.5	24.3	20.7	13.0	1.19	0.96
大连	26.4	27.3	20.5	14.3	1.14	1.05
鞍山	8.3	5.4	15.2	11.0	0.92	0.81
抚顺	5.4	4.9	18.3	16.6	1.06	1.22
本溪	3.7	3.0	16.8	12.3	0.88	0.91
丹东	3.0	3.3	21.4	11.2	1.17	0.83
锦州	4.5	4.9	21.3	14.1	1.20	1.04
营口	4.4	5.1	23.6	12.9	1.13	0.95
阜新	1.6	1.8	23.5	11.9	1.13	0.88
辽阳	4.1	5.0	25.2	15.4	1.44	1.14
铁岭	2.6	2.9	23.2	10.5	1.13	0.77
朝阳	2.8	3.1	25.3	13.0	1.09	0.96
盘锦	6.0	5.5	16.7	17.5	1.07	1.29
葫芦岛	3.6	3.5	19.4	17.0	1.41	1.26

第一类：盘锦、葫芦岛、抚顺和辽阳。这些地区的共性是石化工业比重较高，宏观税负居于全省最高水平；本地税收占全省税收总量的比重高于本地GDP占全省GDP总量的比重，即协调系数较高，平均为1.2左右，表明这些地区的税收贡献高于经济贡献；税收年均增速快于GDP年均增速，即税收弹性大于1。

第二类：沈阳、大连、锦州和营口。这些地区的共性是宏观税负处于全省中游水平，在13.5%左右；协调系数在1左右，税收弹性在1~1.2之间；属于二、三产业比重较为均衡、宏观税负适中、税收增长快于经济增长且上线保持在合理

范围之内、税收与经济贡献较为匹配的中性地区。

第三类：本溪、阜新、丹东、鞍山和铁岭。这些地区的共性是宏观税负最低，协调系数也最低，税收贡献小于经济贡献，部分地区税收弹性小于1。主要原因是：一是部分地区第一产业增加值比重相对较高，如阜新和铁岭；二是部分地区钢铁行业税收比重大，多年来受钢铁行业产能过剩影响，税收增长乏力，如鞍山和本溪；三是企业规模普遍较小，多年来一直没有税源较大的龙头企业，如丹东。

第三节 经济税收指标比较分析

一、主要经济指标比较

（1）辽宁省GDP总量增长较快，位次前移。2003年，辽宁省GDP总量排在全国第8位，其中排在东部沿海10个省市（辽宁、河北、天津、山东、江苏、上海、浙江、福建、广东和海南）第7位，到2012年，排名各提升1位，分别上升至第7位和第6位。从GDP的年均增速情况看，2003~2012年，辽宁GDP平均增长速度为17.07%，分别高于全国和东部沿海10省市1和0.38个百分点。从2007年以来，辽宁GDP以平均每年高于全国2.6、高于东部沿海10省市2.66个百分点的速度加快发展。

（2）辽宁省第三产业增加值占GDP比重偏低。2012年，辽宁第三产业增加值占GDP比重为37.5%，比全国平均水平低7.1个百分点，在全国排名第17位；广东、浙江、江苏、山东均比辽宁高，分别是：46.3%、45.1%、43.5%和40%。2012年辽宁第二产业的比重为53.8%，比全国高8.5个百分点，广东、江苏、山东、浙江均低于辽宁。

二、工业企业比较

总体看，辽宁省反映工业企业经济效益的一些主要指标处于全国中下游水平。2011年，辽宁省规模以上工业企业主营业务收入利润率①为5.86%，低于全国1.43个百分点；总资产贡献率②为14.78%，比全国低1.31个百分点，排在全国第20位；成本费用利润率③为6.26%，低于全国1.45个百分点，排在全国第

① 反映企业销售产品的毛利率情况，计算公式为：主营业务收入利润率=利润总额/主营业务收入×100%。

② 反映企业全部资产的获利能力，是企业经营业绩和管理水平的集中体现，是评价和考核企业盈利能力的核心指标，计算公式为：总资产贡献率=（利润总额+税金总额+利息支出）/平均资产总额×100%。

③ 反映企业投入的生产成本及费用的经济效益，同时也反映企业降低成本所取得的经济效益，计算公式为：成本费用利润率=利润总额/成本费用总额×100%。

28 位。

在统计的 33 个工业行业中，辽宁省有 12 行业的总资产贡献率低于全国平均水平，其中包括煤炭、石油开采、石油加工、黑色金属冶炼压延及加工、有色金属冶炼和压延加工、通用设备制造、专用设备制造和电力等重点行业。辽宁有 22 个行业的成本费用利润率低于全国平均水平。

三、批发和零售企业比较

2011 年，辽宁省限额以上批发企业①户数和从业人员数量分别排在全国第 8 位和第 13 位，商品购进额和商品销售额均排在全国第 8 位，当年实现的主营业务收入和利润总额分列全国的第 8 位和第 12 位。2011 年，辽宁限额以上批发企业的主营业务收入利润率为 3.24%，比全国平均利润率低 2.98 个百分点，排名第 30 位。

2011 年，辽宁省限额以上零售企业②户数和从业人员数量分别排在全国第 8 位和第 9 位，商品购进额和商品销售额分别排在全国第 10 位和第 9 位，当年实现的主营业务收入和利润总额分列全国的第 9 位和第 8 位。2011 年，辽宁限额以上零售企业的主营业务收入利润率为 11.41%，比全国平均利润率高 0.62 个百分点，排名第 7 位。

四、税收指标比较

（一）税收规模与增幅比较

1994 年，辽宁省税收总量为 313.8 亿元，占当年全国税收的 6.2%，排在全国第 4 位。前 3 位的地区分别是广东 531.1 亿元、上海 504.4 亿元和北京 451.2 亿元；5~10 位分别是：江苏 312.8 亿元、山东 279.9 亿元、云南 270 亿元、浙江 229.2 亿元、河北 178.5 亿元和四川 171.2 亿元。

9 年之后的 2003 年，辽宁省税收总量为 879.4 亿元，占当年全国税收的比重下降到 4.3%。这一期间，辽宁税收年均增速为 12.13%，低于全国平均增速 4.64 个百分点，排在全国第 25 位，相应税收总量排名也降至第 7 位。税收总量前 6 位地区分别是：广东 3056 亿元，年均增长 21.46%、第 2 位；上海 2467 亿元、年均增长 19.29%、第 4 位；江苏 1745 亿元，年均增长 21.05%、第 3 位；浙江 1694 亿元，年均增长 24.89%、第 1 位；北京 1595 亿元，年均增长 15.06%，第 12 位；山东 1300 亿元，年均增长 18.61%、第 7 位。由此可见，1994~2003 年，辽宁省税收与经济较发达地区的差距在拉大。

① 年主营业务收入在 2000 万元及以上的批发企业。

② 年主营业务收入在 500 万元及以上的零售企业。

2012 年，辽宁省税收总量为 4818.2 亿元，占当年全国税收的 4.35%，虽然这一比重与 2003 年大致相当，且总量排在全国第 7 位，但自东北老工业基地振兴以来，辽宁税收增速加快。2003~2012 年，辽宁税收年均增长 20.81%，比全国高 0.17 个百分点，排在全国第 23 位。从各地税收年均增速情况看，增长较快的地区由以前的经济较发达的沿海地区转变为中西部地区，排在前 10 位的是西藏、内蒙古、海南、宁夏、陕西、青海、江西、安徽、新疆和重庆，上海、广东、浙江、福建排在最后。

（二）税收结构比较

1. 第二、三产业税收比较

2008~2012 年，辽宁省第二产业的税收占全部税收比重为 53.7%，高于全国 2 个百分点，年均增长 18.65%，高于全国 3 个百分点，其中，2012 年第二产业的税收占全部税收的比重为 52.82%，高于全国 3.32 个百分点，在全国排名第 17 位。辽宁省的石油加工、建筑、黑色金属矿采选、汽车制造和冶金等行业的税收比重相对较高，2012 年这五个行业的税收占第二产业税收的比重分别达到 21.43%、12.23%、8.25%、7.68%和 4.88%，分别比全国高 13.19、1.3、7.06、2.26 和 1.83 个百分点。

2008~2012 年，辽宁省第三产业的税收占全部税收的 41.09%，低于全国 7.1 个百分点，年均增长 24.41%，高于全国 4.61 个百分点。其中，2012 年第三产业的税收占全部税收比重为 46.92%，低于全国 3.46 个百分点，在全国排名第 16 位。重点行业中，批发零售、房地产和金融等三个行业的税收比重相对较高，2012 年，这三个行业的税收占第三产业税收的比重分别达到 29.12%、25.46%和 11.95%，分别比全国高 2.42、3.32 个百分点和低 6.49 个百分点。

2. 主要税种比较

1994 年，辽宁省国内增值税占全国国内增值税总量的 7%，之后逐年下降，2003 年比重为 4.7%，2005 年 4.3%，2009 年 3.6%。2012 年辽宁国内增值税完成 919.74 亿元，占全国比重为 3.47%，排在全国第 9 位，前 8 位的地区分别是广东、江苏、上海、浙江、山东、北京、河北和山西。从自身比重看，2012 年辽宁国内增值税占辽宁省全部税收的比重为 19.1%，比全国平均水平低 4.87 个百分点，排在全国第 26 位。

2012 年，全国国内消费税总量为 7916.58 亿元，其中 56%的税收来自汽车、卷烟和石油加工比重较高的上海、云南、广东、辽宁、江苏、湖南、湖北、山东和浙江等 9 个地区。2012 年，辽宁国内消费税完成 532.5 亿元，排在全国第 4 位；占辽宁全部税收的比重为 11.05%，排在全国第 11 位。

2005~2012 年，辽宁省营业税收入一直排在全国第 7~8 位，占全国比重也保持在4%左右。2012年辽宁营业税总量为609.9亿元，排在全国第8位；占辽宁全部税收的比重为12.7%，排在全国第24位。

1994年，辽宁省企业所得税占全国比重为4.5%，2005年为3.7%，2012年为2.7%，同国内增值税变化趋势一致，也体现为比重逐年下降。2012年辽宁企业所得税完成599.3亿元，排在全国第10位；占辽宁全部税收的比重为12.44%，排在全国第29位。

2012年，辽宁省个人所得税完成152.3亿元，排在全国第10位；占辽宁全部税收的比重为3.2%，排在全国第28位。

2012年，辽宁省涉及土地的税收（包括城镇土地使用税、土地增值税、耕地占用税和契税）完成854.96亿元，排在全国第3位；占辽宁全部税收的比重为17.74%，排在全国第1位。

从2009年以来的年均增速情况看，除企业所得税高于全国外，其余主要税种均低于全国平均水平，且排名靠后。但从辽宁与东部沿海部分发达地区相比，辽宁的国内增值税和企业所得税年均增速略快于这些地区。

（三）税负和弹性比较

为保证各地区宏观税负的可比性以及税收与经济的对应关系，我们这里使用的GDP不含一产增加值，税收为扣除一产税收、海关代征进口税收和证券交易印花税，同时在计算全国平均税负时，不含北京、天津和上海这三个直辖市。按照上述口径计算，2012年，全国28个地区的平均宏观税负为16.29%，辽宁税负为18.08%，排在第11位，同时高出全国1.79个百分点。在东部沿海各地区中，辽宁税负分别低于浙江和广东1.33和0.64个百分点，分别高于山东和江苏5.55和0.53个百分点。2009~2012年，辽宁税收弹性为1.11，低于全国0.13，排在全国第25位，仅高于山西、云南和甘肃。

第四节　优化经济结构实现税收可持续增长的对策

一、当前辽宁省经济结构存在的主要问题

（一）产业结构

从第二产业看，制造业“大”而不强，存在着一定程度的结构虚高度化。主要表现在：一是辽宁大量产业集中在价值链的低端环节，企业很难获得较多附加值和利润，只有靠扩大规模或压低劳动者工资。二是研发投入不足。2011年，辽宁研发经费支出占GDP的1.6%，比2002年只提升了0.4个百分点，比全国平均水平低0.24个百分点。三是缺乏高端顶尖人才和领军人才。2011年，辽宁

科技活动人员有 1. 88 万人，比 2005 年减少 0. 12 万人。四是企业自主创新能力薄弱，创新动力不足。2011 年，辽宁规模以上工业企业新产品项目数为 7416 个，排在全国第 13 位，销售收入占主营业务收入的 6. 9%，低于全国平均水平 5 个百分点，居第 20 位。

从第三产业看，辽宁省第三产业发展既有总量不足问题，又有内部结构的矛盾。从总量看，辽宁第三产业增加值比重从 2002 年以来呈现逐年回落趋势，2002 年为 41. 4%，2012 年则下降到 37. 5%，低于全国 7. 1 个百分点。从内部结构看，由于工业对生产性服务业需求大量延伸到外围，又造成房地产、金融、信息咨询等新兴服务业发展不足。2011 年，辽宁金融业和房地产业增加值占第三产业增加值的比重分别比全国低 2. 9 和 2. 3 个百分点。

（二）区域结构

城乡、区域发展不平衡。辽宁省城乡居民收入比由 2002 年的 2. 4∶1 扩大为 2012 年的 2. 5∶1。沈阳和大连两市的生产总值占全省的比重由 2002 年的 49. 4% 提高到 2010 年的 54. 9%。三大区域中，辽西北地区（阜新、铁岭、朝阳）由于受自然、区位等条件制约，多年来经济社会发展水平与其他地区比较相对滞后，是辽宁区域经济发展的短板。

（三）所有制结构

当前，辽宁省所有制结构中国有资产的比重还相对较高，民营经济尤其是中小企业在市场准入、财政贴息和银行贷款等方面受限较多，受垄断企业的排斥导致公平竞争的环境相对较差。另外，民营企业本身还存在诸多发展障碍，如体制问题、管理瓶颈、技术短板和风险防范等等。与其他沿海地区比较，辽宁省民营经济发展还体现出领军企业的数量偏少、结构单一的特征。近年来，江苏省有 129 家企业进入全国民营企业 500 强，我省年产值超百亿元的民营企业还不多。辽宁省民营经济增加值中，装备制造业增加值占了五分之一以上，而新兴产业（如网络、IT、金融等服务行业）比重和规模都很小。

二、优化经济结构对策

（一）优化产业结构对策

大力发展现代装备制造业，构筑先进制造业基地。目前，辽宁装备制造业的高新技术产品增加值率还不高，政府应采取相应措施，大力引进国内外高技术产业项目，从中学习并开创自己的高技术产业，并为其提供必要的财政金融支持，鼓励科技人员进行创新。要逐步构建装备制造业的上、中、下游产业链的高效率、低成本的体系，推动辽宁制造业的国际化进程，形成产业集群的竞争力。

改造和提升传统产业，推动冶金、石化、建材工业向“高、精、深”的新型化方向发展。大力推进企业兼并重组，对区域内外矿产、冶炼、加工资源进行有效整合，鼓励生产要素集中，支持企业集团开展区域内和跨区域的联合重组，努力打造成为具有较强国际竞争力的特大型钢铁企业集团。依托石化骨干企业，加速整合省内外石化上下游产业，积极吸引中石化、中国化工、中海油、中石油等战略投资者，打造大型石化企业集团。进一步发挥建材龙头企业的带动作用，推动水泥、玻璃、耐火材料、新型建材等行业的兼并联合重组，提高产业的集中度。同时要通过管理创新、产业重组和优化布局，淘汰落后产能，推进节能减排，逐步摆脱能源、资源、环境的制约。

大力发展战略性新兴产业，培育新的增长点。重点发展新能源、新材料、新医药、信息产业、节能环保产业及产业集群。结合产业布局规划和区域经济发展战略，规划辽宁战略性新兴产业基地和工业园区。以高新区为点、以沿海经济带和沈阳经济区为面发挥产业积聚效应，构建共同平台，推动科技金融，推动“二次创业”，打造一批具有国际竞争力的战略性新兴产业基地。

加快城镇化建设，带动第三产业的发展。一方面，城镇建设的品位和质量的高低，在很大程度上取决于第三产业的发展状况。同时城镇化水平的提高，也为第三产业创造了更大的发展空间，增加了更多的就业岗位。因此，大力推进城镇化进程，尤其是发挥好中心城市的辐射带动作用，是促进产业结构调整和优化的重要手段和途径之一。重点发展以劳务和服务为导向的知识密集型第三产业，包括金融业、会展业、物流业、信息服务业、科技服务业、外包服务业、文化创意产业、总部经济和旅游业。

（二）优化区域结构对策

要不断优化区域结构，实现三大区域整体联动、共同发展的新格局。“辽宁沿海经济带”要初步建成产业带、城市带和旅游带，成为我国沿海地区新的经济增长极，成为我国对外开放的新高地。要加快推进沈阳经济区一体化发展，八城市基本连为一体，建设全国最具竞争力的城市群。“辽西北”要成为活力迸发的新增长区，进一步缩小经济社会发展和人民生活水平与全省平均水平的差距。

（三）优化所有制结构对策

促进民营经济和中小企业发展是优化所有制结构的重点。一是要引导和支持民营经济和中小企业创业投融资活动；二是要落实小型微利企业的税收优惠政策，对困难中小企业，按照有关规定予以适当减免税或延期纳税；三是要推动成长型中小企业做专、做精、做强、做大；四是要鼓励中小企业实施资产重组、联合组建成股份公司并上市；五是要鼓励民营企业开展技术研发、经营管理和风险防范的创新，争取得到更多的话语权、产品的定价权，提升抗风险能力；六是要尽快制定和出台鼓励支持民间投资的实施细则，鼓励更多的民营资本投入到实体经济。

（四）发挥税收政策导向作用，促进经济结构不断优化

税务部门作为国家宏观经济调控的重要职能部门，要为调整经济结构、实现税收可持续增长发挥重要作用。装备制造、冶金和石化等传统产业仍然是辽宁税收的主要来源，因此，税收一方面要对优势产业和重点企业继续实行政策扶持，推动产业、产品优化和升级；另一方面，也要支持新兴行业和产品的发展，为其进一步快速发展开拓空间。要从辽宁经济实际情况出发，全面落实国家出台的一系列结构性减税政策，全面推进“营改增”政策的实施，做好税收政策对经济和税收的量化分析及效果评价工作，努力实现企业减负、增效、公平和可持续发展的目标。同时，积极关注现有及发展潜力较大的重点税源情况，为进一步调整和优化税收政策，不断壮大重点税源和培植梯级税源提出合理化建议。要大力支持企业更新改造和技术创新，通过扩大研发费用加计扣除范围，推动企业技术升级和产品更新换代，支持高新技术企业发展。要通过对资源综合利用产品、节能节水、环境保护等给予减免税优惠，有效促进环境保护和淘汰落后产业。要通过对小型微利企业实施税费优惠政策，进一步减轻税费负担，推动中小企业、私营个体经济的蓬勃发展。要通过进一步完善出口退税政策，促进出口产品结构的调整，提高高附加值产品出口的比重，充分发挥出口企业对经济增长的拉动作用。与此同时，税务部门应围绕转方式、调结构的大局，不断提高管理与服务水平。一方面，加强税收管理，深入挖掘税收增长潜力，实现应收尽收，促进税收持续稳定增长；另一方面，要做好纳税服务，提高办税服务效率，构建和谐的税收征纳环境。

第十一章 基于工业税收的区域经济发展差异研究

工业是唯一生产现代化劳动手段的部门，决定着国民经济现代化的速度、规模和水平，在经济社会发展中起主导作用。近年来我国工业经济总量占整体达三分之一以上，税收收入比重约在40%左右。本章从区域工业税收层面分析工业结构及发展状况，以期为政府在经济转型发展中获取更多的决策思路。

本章主要从五大区域①工业税收的规模、增速、结构、能耗等指标综合分析各区域及部分省的工业税收发展变化及分化状况，进而反映工业经济发展水平和存在的问题。如长三角工业经济活跃度最高，创业意识形成规模集聚效应，珠三角创新驱动税收快速增长，税收增量贡献最大，这两个区域2012年以来工业税收始终保持增长态势。京津冀、长三角和珠三角地区工业结构相似度最高，其中，天津-上海、广东-江苏系数在0.9以上；中部地区的安徽和江西工业结构也在逐渐接近经济发达省份，率先调整产业结构为税收增长注入持久动力。东北和中部地区能耗居高不下，传统高耗能工业制约税收持续稳定增长。

第一节 工业税收总体情况

2016年，全国工业税收完成5.3万亿元，其中五大区域规模3.8万亿元，占比72.7%，比2012年增收3498亿元，年均增长3.4%，快于全国0.4个百分点。其中，长三角工业税收规模最大，2016年达到1.5万亿元，年均增长3.9%；中部六省和珠三角规模次之，分别为7258.7亿元和7115.4亿元，增速分别为3.2%和9.6%；京津冀和东北三省呈下降趋势，规模分别为4977.2亿元和3602.4亿元，增速分别为-0.4%和-1.5%。

截至2016年末，五大区域在国税部门登记并正常营业的工业企业户数占全国的76.9%。2016年长三角和珠三角工业企业户均纳税分别为113万元和121万

---

① 五大区域包括16个省（直辖市）：京津冀（北京、天津、河北）、长三角（上海、江苏、浙江）、珠三角（广东）、东北三省（辽宁、吉林、黑龙江）、中部六省（河南、山西、湖北、安徽、湖南、江西）。近五年，五大区域容纳全国62%的人口，2012~2016年，年均地区生产总值和社会零售品销售总额均占全国70%左右，年均固定资产投资和出口总值分别占全国60%和80%左右。数据来源：《中国统计年鉴》，2016年经济数据取自wind资讯金融终端；2011~2016年税收数据取自《税收会计统计月报表》。

元；京津冀、东北三省和中部六省工业税收集中度相对较高，分别为 193 万元、181 万元和 178 万元，明显高于全国 144 万元的平均水平。

在工业所属的 38 个种类行业中，2016 年比 2012 年全国实现税收增长的有 16 个，五大区域实现增长的有 28 个，其中年均增幅高于全国平均水平的有 17 个。东北三省增长的行业数量明显低于其他区域，仅有 12 个。

五大区域工业税收增量超百亿元的有汽车、电力、石油加工、烟草、通信设备等 13 个行业，其中长三角数量最多、分布均衡，达到 8 个行业；东北三省、中部六省和京津冀采矿业税收减收额度较大，占全国减收额的 59%，见表 11-1。

表 11-1　五大区域工业税收增减额度超百亿元行业情况　　（亿元）

工业行业	全国	五大区域小计	东北三省	京津冀	长三角	珠三角	中部六省
工业税收增减收合计	3375	3498	-734	-415	2130	2157	360
汽车	1427	1065	184	186	366	148	182
电力	995	759	66	112	257	121	203
石油加工	1189	726	161	85	261	38	181
烟草	590	556	-7	-7	305	22	243
计算机、通信和其他电子设备	544	537	-1	-27	111	380	74
其他制造业	729	533	-64	-358	-42	984	13
电气机械和器材	513	447	-8	3	202	183	67
医药	457	329	52	58	135	26	59
化学原料	220	264	-3	41	167	13	46
金属制品	196	168	3	11	91	46	16
橡胶和塑料	169	156	6	11	70	47	22
专用设备	134	117	-19	9	84	53	-10
食品	185	109	3	40	2	19	45
非金属矿物制品	-75	-105	-67	3	-35	18	-24
铁路、船舶、航空航天和其他运输设备	-98	-126	-52	35	-54	-61	7
黑色金属矿采选	-467	-370	-173	-124	-3	-13	-57
石油和天然气开采	-1528	-928	-594	-285	-14	-17	-17
煤炭开采	-1833	-955	-108	-76	-10	0	-761

第二节　工业税收的区域差异比较

一、长三角创业意识形成规模集聚效应，珠三角创新驱动税收快速增长

长三角工业经济活跃度最高，税收规模最大。2016 年该区域工业税收和企业户数分别占全国的 29%和 36.7%，新登记企业户数远远高于注销户数，两者之比达到 14∶1（其他四个区域均在 5∶1 左右）。2012 年以来，珠三角工业税收增速始终快于全国年均水平，增速最快、贡献最大。2016 年全国工业税收比 2012 年增加 3374.7 亿元，其中珠三角和长三角这两个区域分别增收 2156.6 亿元和 2130 亿元，如图 11-1 所示。

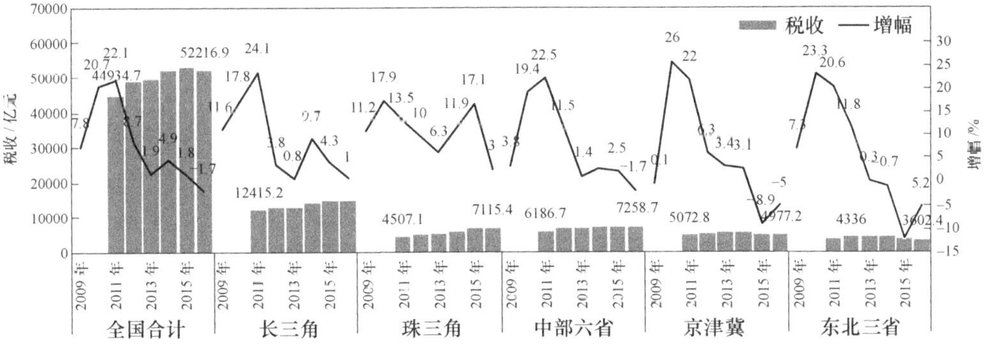

图 11-1　全国及五大区域工业税收运行情况

近年来，东北三省、京津冀和中部六省工业税收出现下滑趋势，其中东北地区连续三年下降，京津冀连续两年下降，尤其是 2015 年和 2016 年，两大区域降幅分别下降 10.2%和 5.1%，见表 11-2。

表 11-2　五大区域工业税收（含海关）增速　（%）

地区	2009 年	2010 年	2011 年	2012 年	2013 年	2014 年	2015 年	2016 年
全国合计	7.8	20.7	22.1	8.7	1.9	4.9	1.8	-1.7
东北三省	7.3	23.3	20.6	11.8	0.3	-0.7	-12.1	-5.2
京津冀	-0.1	26.0	22.0	6.3	3.4	3.1	-8.9	-5.0
长三角	11.6	17.8	24.1	3.8	0.8	9.7	4.3	1.0
珠三角	11.2	17.9	13.5	10.0	6.3	11.9	17.1	3.0
中部六省	3.8	19.4	22.5	11.5	1.4	3.0	2.5	-1.7

工业税收的增减差异说明区域间工业经济出现了分化，这其中既有经济发展的客观规律，也有区域发展战略、转型升级和营商环境的影响。

二、京津冀、长三角和珠三角工业税收结构具有同质性，率先调整产业结构为税收增长注入持久动力

以下从行业税收结构数据，综合分析各区域及相关省份之间的工业产业结构相似度情况，进一步判断产业调整对税收收入的影响。根据产业结构相似系数①公式，我们对隶属工业的38个中类行业的税收数据进行测算，五大区域2012年和2016年工业结构相似系数见表11-3。

表11-3 五大区域工业结构相似系数

比较对象	2012年	2016年	比较对象	2012年	2016年
京津冀-长三角	0.93	0.93	长三角-东北三省	0.47	0.56
京津冀-珠三角	0.65	0.86	长三角-中部六省	0.46	0.64
京津冀-东北三省	0.62	0.7	珠三角-东北三省	0.61	0.54
京津冀-中部六省	0.39	0.54	珠三角-中部六省	0.46	0.5
长三角-珠三角	0.7	0.89	东北三省-中部六省	0.46	0.58

结果显示，在振兴实体经济和"补短板"等宏观政策背景之下，区域间工业结构的相似度在逐渐提高。2016年京津冀、长三角和珠三角地区工业结构相似度最高，系数在0.9左右。从具体省市情况看，天津、河北、上海、浙江、江苏、广东之间的结构相似度较高②，尤其是天津-上海、广东-江苏均在0.9以上，从历年趋势看，基本上是从2013年开始结构趋同程度逐年提高。主要是这些区域的装备制造业③、石化产业④、冶金⑤和电力等15个具体行业的税收比重

① 在经济发展和产业转型过程中，如果不同区域之间在产业税收分布方面的变化相似，产业结构之间呈现差异缩小的趋势，区域间的产业具有相似性。公式如下：

$$S_{XY} = \left(\sum_{i=1}^{n} B_{X_i} B_{Y_i}\right) \Big/ \sqrt{\left(\sum_{i=1}^{n} B_{X_i}^2\right)\left(\sum_{i=1}^{n} B_{Y_i}^2\right)}$$

式中，X和Y分别代表两个进行比较的区域，S_{XY}的值即为产业结构相似系数。B_{X_i}和B_{Y_i}分别是i产业在X区域和Y区域占整个产业的比重。产业结构相似系数介于0到1之间，S值越接近0意味着作比较的两个区域的产业结构存在较大的差异；反之如果S的值越接近1，表明作比较的两个区域的产业结构越相似。

② 2016年各省市工业结构相似度系数：天津-上海（0.95）、天津-广东（0.79）、河北-浙江（0.79）、河北-江苏（0.76）、广东-江苏（0.9）、广东-上海（0.77）。

③ 包含金属制品业、通用设备制造业；专用设备制造业；汽车制造业；铁路、船舶、航空航天和其他运输设备制造业；电气机械和器材制造业；通信设备、计算机和其他电子设备制造业、仪表仪器制造业。

④ 包含石油加工、化学原料和化学制品制造业、医药制造业、化学纤维制造业和橡胶和塑料制品业。

⑤ 包含黑色金属冶炼和压延加工业和有色金属冶炼和压延加工业。

大致相当，且税收合计超过了区域工业税收40%。

观察这三个区域的宏观经济数据，其三产增加值比重也超过了50%，说明这些地区产业结构转型升级较快，经济增长的动力已经从第二产业转移到第三产业，工业经济结构也发生了明显转变，正逐步向中高端发展。2016年全国64%的高端制造业①税收来自长三角、珠三角和京津冀地区，其中长三角占全国的33%。上述三大区域第三产业增加值年均增长11.5%，高出第二产业近7个百分点，2016年二产和三产增加值占比分别比2012年下降了6个百分点和上升了6.6个百分点。此外，对比2012年和2016年长三角对其他区域（包括西部地区）的工业结构相似系数变化，均出现上升趋势，结合该区域高端制造业的快速增长，可以初步判断长三角的初级工业已经全面向全国其他区域进行转移。

长三角和珠三角经济实现快速恢复，不仅反映了制度和政策的效应作用，也展现了区域经济适应新常态，及时调整了增长方式，体现出发达省份在体制、机制和创新能力上的先进性。

从经济欠发达的去情况看，河北省同江浙两省工业结构相似系数由2008年的0.5提高至2016年的0.8，转型较快。东北地区的辽宁自2008年以来同江浙粤等省相似度不高、徘徊不前，基本保持在0.6左右，黑龙江和吉林同江浙粤等省相似度更低，只有0.3~0.5左右。中部六省和长三角相似度在逐年提高，其中安徽和江西较为明显，2016年这两个省同江浙在0.8左右，安徽同浙江已达到0.9，这两个省工业税收的年均增幅分别为5.5%和8.5%，其中装备制造业增长7.8%，高于全国及五大区域的平均水平；湖南、湖北和河南三省相互之间相似度较高，但这些地区同长三角和珠三角地区相似度在0.6以下，湖南湖北两省工业税收年均增幅分别为6%和7.8%，主要靠烟草、电力等传统产业拉动，唯一亮点是湖北省的汽车增长迅猛，由2011年的21亿元增长到2016年的324亿元；山西近七成的工业税收来自煤炭开采业，同内蒙古的结构高度一致，同全国其他地区的相似度极低，2016年山西煤炭行业税收436亿元，比2012年减少536亿元。

三、东北和中部地区能耗居高不下，传统高耗能工业制约税收持续稳定增长

从税收能耗系数②角度分析，五大区域万元税收吨煤消耗量存在较大差异。以2015年数据为分析样本，东北三省和中部六省税收能耗系数分别为6.02和5.34，明显高于3.74全国平均水平。其他三个区域较低，不到2.5。从税收能耗

① 包含通用设备制造业；专用设备制造业；汽车制造业；铁路、船舶、航空航天和其他运输设备制造业；电气机械和器材制造业；通信设备、计算机和其他电子设备制造业。

② 参照单位GDP能耗，公式为：税收能耗系数=能耗量（吨标准煤）/万元税收收入。

系数发展趋势来看，2011~2015 年，除东北三省外，其他各区域逐年下降趋势较为明显，这与我国经济结构转型和节能降耗战略的稳步推进密不可分。

从五大区域高耗能行业①税收占比情况（见表 11-4）来看，2016 年全国六大高耗能行业实现税收 14270 亿元，占全国税收总量的 10.2%。五大区域中，东北三省高耗能行业实现税收收入 1451 亿元，占本区域全部税收的 19.1%，是全国平均水平的近两倍，中部六省税收规模为 2109 亿元，占比为 10.9%，高于全国平均水平 0.7 个百分点。京津冀、长三角和珠三角分别为 6.4%、8.1%和 7.5%，均低于 2012 年占比，呈现出高耗能行业占比下降态势。

表 11-4　五大区税收能耗系数测算

地　区	2011 年	2012 年	2013 年	2014 年	2015 年
全　国	5.01	4.69	4.10	3.89	3.74
京津冀	3.56	3.28	2.81	2.57	2.45
长三角	2.73	2.57	2.40	2.20	2.05
珠三角	3.06	2.88	2.53	2.33	2.11
东北三省	6.59	6.14	5.33	5.41	6.02
中部六省	7.57	6.84	5.89	5.58	5.34

坚持绿色发展是我国经济发展的必由之路，中部六省和东北三省必须转变以高耗能拉动经济发展的方式，调整产业结构加快转型升级，这样才能形成经济活力和新的增长极，促进税收可持续增长。

四、长三角和珠三角是工业税收净流入地区，东北三省、京津冀和中部六省呈净流出状态

税收转移系数②一定程度上可以判断区域税收转移状态。测算工业税收转移系数的结果显示，长三角和京津冀是工业税收净流入地区，其中长三角一枝独秀，东北三省、珠三角和中部六省为工业税收净流出地区。从各年度变化趋势看，东北三省工业税收流出程度在逐年加大，其他区域呈现税收流入逐年增多、流出逐年减少的趋势。

---

① 包含化学原料及化学制品制造业；非金属矿物制品业；黑色金属冶炼及压延加工业；有色金属冶炼及压延加工业；石油加工炼焦及核燃料加工业；电力热力的生产和供应业。

② 税收转移系数采用区域税收总量占全国税收总量的比重，与该区域经济总量占全国经济总量的比重进行比较，反映区域税收与税源的均衡状态。其计算公式为：税收转移系数=区域税收总量/全国税收总量-区域经济总量/全国经济总量。税收转移系数等于 0，表示该区域税收与税源处于均衡状态。税收转移系数不为 0 时，表示该区域税收与税源处于非均衡状态，出现税收转移现象。其中，转移系数大于 0，表示该区域为税收净移入地；转移系数小于 0，表示该区域为税收净移出地。

第三节 主要结论及建议

我国区域经济发展呈现出的新变化，既符合区域经济发展的基本规律，又有我国经济发展的自身特点。随着“一带一路”建设、京津冀协同发展、长江经济带发展等战略的推进，区域经济发展还会出现新的分化。

（1）五大区域发展水平差距会继续扩大。京津冀和长三角、珠三角地区已经率先进入创新驱动发展阶段，先发优势继续增强。东北三省和中部六省短期内难以摆脱对资源类初级产品和低端工业的依赖。各区域要结合自身资源禀赋，找准功能定位，推动区域协调发展，塑造要素有序自由流动、主体功能约束有效、基本公共服务均等、资源环境可承载的区域协调发展新格局。

（2）东北三省和中部六省工业税收集中度偏高，中小企业比重相对较小，工业税源结构相对单一，税收可持续增长具有不稳定性。东北三省税收能耗系数持续上升且数值最高，高耗能行业占比依然过大，中部六省也是能源消耗较为集中地区，需要坚持绿色发展理念，转变经济增长方式，加快资源节约型、环境友好型社会建设，通过优化营商环境为经济发展注入“新鲜血液”来改善经济结构，形成人与自然和谐发展现代化建设新局面。

（3）京津冀在区域内部经济特点、发展方式和水平差距较大，即有长三角和珠三角经济发展的特点和优势，也有东北三省和中部六省经济发展的不足。需要坚持开放发展理念，充分借鉴国际城市群发展的经验与做法，发挥京津两大中心城市的辐射作用，按照优势互补、整体协调、合理分工与协同共进的原则，完成产业转移和升级，形成带动环渤海经济圈发展新动力。

（4）长三角和珠三角地区发展潜力巨大，其产业转型升级领先于其他地区，需要坚持创新发展，进一步发挥比较优势，提升城市群的国际竞争力和工业发展软实力①，不断优化创新环境，实现知识资本、人力资本、信息技术、管理理念等要素与工业深度融合，用创新引领区域经济发展，形成工业创新发展新标杆。

---

① 工业发展软实力是以知识、信息、技能和文化等核心要素为基础，以工业精神、价值理念、制度环境等为重要支撑，以工业创新能力、质量和服务水平、品牌影响力、国际规则主导权等为基本呈现，体现工业经济综合竞争力、国际影响力、控制力和产品吸引力的关键能力。

第十二章 基于大数据的区域工业经济发展研究

自1994年开征增值税以来，增值税专用发票一直肩负着“以票管税”的历史重任，其管理的严密程度和重要性在经济社会有目共睹。从早期覆盖全部工业行业到近年的“营改增”，增值税专用发票的使用范围已覆盖国民经济全行业。增值税专用发票客观真实地记录了国内产品和服务交易金额、税额，交易双方纳税人经营地址等数据，大量宝贵信息待挖掘。近年来工业企业增值税纳税人及发票管理政策变化较小，时间序列数据挖掘价值高，所以本章对2010年与2014年工业企业增值税专票数据进行比较分析。通过我国东部、中部、西部和东北四大区域①的工业（包含采矿业、制造业和电力、热力、燃气及水生产供应业（以下简称电力行业））产品交易情况，呈现各区域工业经济发展运行状况，对其进行解读并提出促进东北地区工业发展的建议。

本章数据来自增值税防伪税控系统中工业企业开具的发票信息，对交易金额、产品所属行业和纳税人所属地区等数据进行分类、汇总。进行跨年度比较分析时，用分行业工业生产者出厂价格指数（PPI）将各年数据校正为2010年的价格水平②，以提高比较的客观性和准确性。这些宏观和中观数据基本上全面③记录了工业内部各行业企业之间的交易行为，提供了我国工业产品和服务贸易流量、流向的全景图。

---

① 自2005年起，统计上东中西和东北地区的分组方法是：东部地区包括北京、天津、河北、上海、江苏、浙江、福建、山东、广东、海南10个省市；东北地区包括辽宁、吉林、黑龙江3个省；中部地区包括山西、安徽、江西、河南、湖北、湖南6个省；西部地区包括重庆、四川、贵州、云南、西藏、陕西、甘肃、青海、宁夏、新疆、内蒙古、广西12个省或自治区。

② 由于缺少开采辅助活动、其他采矿业和金属制品、机械和设备修理业的分行业PPI，所以这3个行业的数据没有用PPI数据校正，而是直接采用各年现价数据进行比较分析。总体来看2010~2014年各行业PPI相对稳定，38个行业中石油和天然气开采、燃气生产供应等25个行业价格上涨，煤炭、钢铁等13个行业价格下降。

③ 一般纳税人是使用增值税专用发票的主体，工业企业一般纳税人的认定标准：从事货物生产或者提供应税劳务的纳税人，以及以从事货物生产或者提供应税劳务为主，并兼营货物批发或者零售的纳税人，年应征增值税销售额在50万元以上。其他工业企业为小规模纳税人，2010年至2014年期间小规模纳税人国内增值税占国内增值税收入总额的比重稳定在4%左右，因此在工业企业税收征管政策没有重大变化的情况下，本章假定一般纳税人与小规模纳税人的经济行为各自所占比重保持不变，增值税专用发票的交易信息和变化情况能够反映这一时段工业经济贸易总体的状况和变化。

第一节 区域工业布局与产业西移趋势

从2014年各区域工业行业市场份额来看，见表12-1，中西部为矿产资源富集区域，国内矿产资源2/3出自中西部地区。中西部地区贡献了国内81%的煤炭，86%的有色金属矿产品、61%的非金属矿产品和75%的其他矿产品供给，西部还占有国内46%的石油天然气市场份额。比较而言东部和东北贫煤富黑色金属矿，黑色金属矿占国内市场份额的58%，石油天然气与中西部市场份额相当。制造业东部保有绝对优势地位，占有市场份额的近2/3。除烟草制品业在全域范围内均衡分布以外，其他行业东部地区都至少占有半壁江山。其中化学纤维制造和家具制造2个行业占有国内90%以上的市场，文教工美体育和娱乐用品、纺织服装服饰、计算机通信和其他电子设备制造业等6个行业占有国内市场的80%~90%（见表12-2）。

表12-1 2014年全国四大区域工业产品市场份额及变化情况 （%）

区域	2014年市场份额			比2010年增减百分点		
全国	采矿业	制造业	电力、热力、燃气及水生产	采矿业	制造业	电力、热力、燃气及水生产
东部	18.7	65.5	54.2	-1.6	1.2	0.1
中部	30.4	13.8	18.2	-1.1	-1.4	-0.7
西部	37.2	13.6	21.9	4.3	0.8	1.3
东北	13.7	7.1	5.7	-1.7	-0.5	-0.7

表12-2 2014年东部制造业国内市场份额前十名

序号	行业	市场份额	序号	行业	市场份额
1	化学纤维制造业	93%	6	纺织业	83%
2	家具制造业	90%	7	仪器仪表制造业	80%
3	文教、工美、体育和娱乐用品制造业	89%	8	金属制品业	80%
4	纺织服装、服装业	86%	9	橡胶和塑料制品业	79%
5	计算机、通信和其他电子设备制造业	85%	10	皮革、毛皮、羽毛及其制品和制鞋业	79%

电力行业东部地区占有54%的市场份额，其中燃气生产和供应业、水的生产和供应业市场份额分别为73%和60%。从电力行业与制造业发展的匹配情况看，中西部为能源富集区域，而东部和东北是能源净输入地区。

2014年与2010年比较市场份额变化情况，东部地区的采矿业份额有所下降，制造业在经济下行压力中依然坚挺。中部和东北的工业产品市场份额全面减少，西部地区市场份额全面上升，我国工业布局向西部转移的趋势明显。

第二节　2010~2014年区域工业发展进程

5年间全国工业产品销售增长54%，西部为各区域增长领头羊，增幅61%，东部增幅58%紧随其后，中部和东北表现较差，增幅分别为41%和36%。

分行业看，采矿业2014年比2010年销售仅增长20%，远不及制造业和电力行业的增长步伐，后两者同步增长，增长率分别57%和60%。可见这几年制造业和能源产品销售增势乐观，在某种程度上是以低价消耗矿产资源为代价的。矿产品资源中尤以煤炭和黑色金属矿销售低迷，2014年比2010年分别增长17%和15%。

从制造业内部各行业状况看，金属制品、机械和设备修理，计算机、通信和其他电子设备制造，其他制造业，烟草制品业，汽车制造和仪器仪表制造业等6个行业取得了长足的发展，销售增长率在90%以上，前3个行业在全域范围内均衡增长。发展低迷的2个行业分别是纺织业增长19%，东北该行业负增长；黑色金属冶炼和压延加工业增长10%，中部和东北均负增长。

其他行业发展存在显著的区域特征：东部的烟草制品业销售增长1.3倍，计算机、通信和其他电子设备制造业增长1.2倍，其他制造业增长1.1倍，汽车制造业增长1倍，仪器仪表制造业增长近1倍。

中部的铁路船舶航空航天和其他运输设备制造业，纺织服装服饰业分别增长近1倍。家具制造，石油加工、炼焦和核燃料加工2行业增长率低于20%，行业竞争力下降。汽车制造业增幅39%，但与东部、西部和东北1倍以上的增长步伐相比显著滞后。

西部是制造业增幅最高的区域，增长率达到67%，高于全域增长率10个百分点。其中文教工美体育和娱乐用品制造业增长4.3倍，家具制造业增长2.5倍，汽车制造业增长1.5倍，金属制品业增长1.3倍，烟草制品业销售增长1.2倍，有色金属冶炼增长近1倍，在制造业内部31个行业中有12个行业为各区域增幅之冠。

东北的铁路、船舶、航空航天和其他运输设备制造业增长1.4倍，皮革毛皮羽毛及其制品和制鞋业销售增长1.2倍，医药制造业增长近1倍。但是木材加工、家具制造、通用设备制造3个行业停滞不前，加之夕阳产业集中，振兴阻力大。

电力行业与制造业同步增长，其中燃气生产和供应业增幅达到1.8倍，为促进其他产业发展发挥了良好的波及和辅助作用。

第三节　东北工业发展迟滞原因解析

从2014年与2010年对比情况看，东北工业产品市场份额全面下降：采矿业下降1.7个百分点，制造业下降0.5个百分点，电力行业下降0.7个百分点。工业经济增长表现不佳，5年间采矿业销售下降2%，制造业增长43%，电力行业增长44%，分别落后全国平均发展水平22、14和16个百分点。除制造业与中部并列末位以外，均为4大区域垫底。

东北地区是老工业基地，产业结构有其特殊性。从2010年销售情况看工业六大支柱行业分别是：石油加工、汽车制造、黑色金属冶炼、石油开采、电力生产和通用设备制造业，处于工业化中期的发展阶段①。与全国工业内部行业结构相比，石油加工、汽车制造、石油开采行业占比畸高。从国内贸易来看，这三个行业交易额占工业产品销售总额的比重分别为7%、7%和2%，东北这三个行业占比分别为16%、14%和8%。

近年来东北地区发展较快的行业有计算机通信和其他电子设备制造业，其他制造业，铁路、船舶、航空航天和其他运输设备制造业，皮革毛皮羽毛及其制品和制鞋业，汽车制造业，销售额均增长1倍以上。其中汽车制造业增长1倍，为东北第二大支柱产业，2014市场规模占全国的份额17%。铁路、船舶、航空航天和其他运输设备制造业增长1.4倍，占全国市场份额11%，但市场规模为汽车制造业的1/10左右。其他行业全国市场占有率为1%~2%，不足为道。

需求不足导致多个行业发展迟滞，其中不乏支柱产业。第一大支柱石油加工业受价格影响低位运行②，2014年仅比2010年销售增长22%。第三大行业黑色金属冶炼业销售下降6%③，第四大支柱石油开采行业在产量下降并价格低位的双重压力下销售下滑5%，第五大行业电力行业与制造业保持同步增长，增幅44%。第六大支柱通用设备制造业发展几近停滞。

此外，纺织业存在区域内临近省份转移特征，由辽宁和吉林转至黑龙江，但从地区销售总额下降的情况来看，更多的还是转移至东北以外的其他区域。天然林保护工程使东北的木材加工和家具制造业也发展缓慢。

通过以上分析可见，东北除支柱产业汽车制造以外无增长亮点可寻。由于全国产业政策和资源环境承载能力都向西部偏斜，产业西移使东北工业经济发展相对逊色。石油、钢铁等原材料产业难以保持优势地位，相关冶炼加工及制品业发

---

① 按照《产业经济学概论》理论，以2014年GDP计，一产比重小于20%，二产占比最高为工业化中期特征。

② 国际油价2010年初79.36美元/桶，2014年末53.71美元/桶，下降32%。

③ 上交所螺纹钢价格2010年初4511元/吨，2014年末2594元/吨，下降42%。

展缓慢，机械制造业 5 年来无大起色。从地理位置看，东北地区相对封闭，接受临近发达省份知识技术溢出和产业转移的机会少，从纺织业等劳动密集型产业的转出看，也不具备相对密集的劳动力优势。

应该看到，东北工业发展中存在的问题不是单纯的区域性问题，在国内经济主导产业相对低端，人口红利逐渐消失，比较优势发生国际转移的今天，它具有相当程度的全域代表性。它是国内工业产业结构趋同、缺乏核心竞争力、地方政府考评体系单一、缺乏规划盲目过度投资、生产要素市场化不彻底等多种顽疾在需求紧缩的外来冲击下在病灶的集中反映。东北振兴如不及时规划，其现状就是未来中部和西部绕不过的发展困境。

决定后发经济体人均产出和人均资本提升潜力的最重要变量，是其与世界前沿国家的技术距离。中国 2009 年全要素生产率（TFP）水平接近美国的 40%。日本、韩国、中国台湾等基本都是在 TFP 达到美国的 70%甚至更高才进入减速区间。我国有广阔的国内市场做后盾，此次冲击对我国经济发展造成的影响持续时间不会太长，顺境逆境都是经济发展挑战和机遇并存，当前时期正是培育企业竞争力和国内消费市场，淘汰落后产能的机会。

第四节　促进东北工业发展的建议

东北乃至全国工业经济发展的种种表象背后，根源在于体制机制问题，专家给出的建议（李树等，2016）是："新常态下供给侧改革的重点之一是消除阻碍生产要素自由流动的体制机制障碍，矫正要素配置扭曲，并通过技术创新、管理创新和商业模式创新，实现高质、有效、公平和持续的发展。""供给侧改革必须从完善我国制度性激励体系入手，提高制度适应性效率，让市场真正决定资源配置和产业发展。""新常态下只能依靠创新和效率的提高来支撑经济增长，要提高效率，唯一的出路就是全面深化改革，重点是经济体制改革。当前供给侧结构性改革要特别注意市场与政府的关系。"

除此之外，对我国当前工业经济发展的普遍建议是充分利用自身的大国优势，转向广阔的国内市场，构建能充分发挥各区域比较优势的国内价值链（national value chain，NVC），实现产业结构的升级。东部地区发挥其技术、服务、人力资源等方面的优势，着重发展核心价值环节（研发、设计、品牌等）、中部地区则利用良好的区位优势，结合其自然资源和技术、人才方面的优势，侧重发展中间价值环节（少量研发、集成、关键部件制造等）、西部地区则充分发挥自然资源和劳动力廉价的优势，发展外围价值环节（原材料、组装等）。

本章针对东北工业经济发展中存在的问题给出几点建议，力求为其发展增添动力和活力，仅供决策者参考。

（1）东北的发展规划要有高远的战略眼光。我们先看看深圳市产业结构发生的三次战略性调整。20世纪80年代建立深圳经济特区，充分利用港澳资金发展“三来一补”工业企业，劳动密集型行业得到快速发展。20世纪90年代以建立高新技术生产基地为目标调整产业结构，扶持发展计算机及软件、通信、微电子及基础元器件、机电一体化等产业。2000年确定高新技术产业、现代物流业和金融服务业为三大支柱产业。2013年将生物医药、新能源、互联网、新材料、文化创意、新一代信息技术六大类产业确定为鼓励发展类产业（战略性新兴产业），明晰了下一轮产业结构调整方向。

短短三十几年深圳主导产业更替和经济增长的步伐令人振奋。其发展固然有其历史先机、区域小扶持政策力度大等因素促成，但也不失为东北地区或在其内部有条件的更小区域范围内，实现跨越式发展的战略范本。东北的振兴发展要制定高远的战略规划，从技术上积累优势，创造条件向新材料工业、新能源工业、生物工程、宇航工业等高端制造业迈进。只要制定了长远和可持续的战略目标，不轻言放弃，一定会争取和创造出属于自己的发展机会。

（2）重点推进重工业技术进步。中国工业内部结构变迁的动因和机制研究表明：轻重工业劳动和资本的变化不是工业内部产出结构变化的动因，工业内部产出结构变化的动因是轻重工业技术进步率的相对变化，而重工业相对于轻工业有较高的技术进步率，是工业内部结构优化升级的动因；重工业技术进步对轻工业产出存在溢出效应。东北的产业结构以重工业为主，如果不从技术突破上寻求差异化发展，工业产品与其他区域同质化，同质化产品竞争主要依靠价格低廉，东北的地理位置决定了其运输成本高，势必形成竞争劣势。因此，政府应当积极推动重工业技术进步，以此推动工业内部结构优化升级，增强东北地区竞争力。

（3）促进优势产业发挥集聚效应。目前国内多数产业远低于规模经济的最小有效规模（minimum efficient scale），我国汽车制造业的分散状况比较严重。东北地区的集聚效应大于拥挤效应，应尽快消除各地的割据，抢占先机促进合作，发挥产业集聚效应，保持汽车制造业的良好发展势头。国内贸易正面临巨大的机会和市场规模，应涵养具有竞争力的企业和企业集团，使它们在东北落地生根，通过兼并重组提高效率。机械制造业基础雄厚，仍然占有一定的国内市场，应继续保持生产实力创新技术，待经济企稳扩大国内市场份额。石油、钢铁等原材料产业是工业发展的保障和基础，未来其价格企稳、利润空间合理化，有利于地区经济实现健康稳定增长。

（4）充足的技术岗位和人力资本积累。世界经济论坛（World Economic Forum）《全球竞争力报告（2012~2013年）》显示，中国的技术准备度（88位）和教育培训（62位）两大弱点是制约我国竞争力排位（29位）的重要因素。要把后发优势潜力变为现实，需要一系列条件：1）企业竞争和灵活的行业进出；

2）人力资本的积累；3）有利于资源再配置的金融体系；4）经济体的开放度。其中人力资本被排在第二位，仅次于市场机制的主体作用。东北地区应在前述发展战略基础上，提供更多吸引人才的研发和技术工作岗位，提高劳动力素质，完善劳动力市场，使优质的劳动力资源能够从传统产业向新兴产业转移，满足新兴行业的劳动力需求，促进产业健康发展从而推动产业结构演进。

结论：本章对 2010 年与 2014 年全国各区域工业企业开具的增值税专票信息进行比较分析，通过国内工业产品交易情况，解读各区域工业经济发展运行状况，对东北工业发展迟滞问题成因从经验数据和理论分析两方面进行解析，有针对性地提出促进东北地区工业发展的建议，即高远的发展战略、推动重工业技术进步、发挥汽车、机械等产业集聚效应和提供充足的技术岗位及加速人力资本积累。

参考文献

[1]［美］古扎拉蒂．计量经济学［M］.3版．北京：中国人民大学出版社，2000.
[2]［英］大卫·李嘉图．政治经济学及赋税原理［M］．北京：商务印书馆，1983.
[3]［英］加雷斯·D·迈尔斯．公共经济学［M］．北京：中国人民大学出版社，2001.
[4]［英］阿瑟·刘易斯．经济增长理论［M］．北京：商务印书馆，1999.
[5]［美］萨缪尔森，诺德豪斯．经济学［M］．北京：人民邮电出版社，2008.
[6]［德］阿尔费雷德·格雷纳．财政政策与经济增长［M］．北京：经济科学出版社，2000.
[7] 西蒙·库兹涅茨．各国的经济增长［M］．北京：商务印书馆，1985.
[8]［美］H·钱纳里．工业化和经济增长的比较研究［M］．上海：上海三联书店，1989.
[9] 郭庆旺．税收与经济发展［M］．北京：中国财政经济出版社，1995.
[10] 方甲．产业结构问题研究［M］．北京：中国人民大学出版社，1997.
[11] 李悦．产业经济学［M］．北京：中国人民大学出版社，1998.
[12] 刘新利．税收分析概论［M］．北京：中国税务出版社，2000.
[13] 蒋中一．数理经济学的基本方法［M］．北京：商务印书馆，2001.
[14] 刘佐．中国税制概览［M］．北京：中国税务出版社，2003.
[15] 闫二旺．产业经济学概论［M］．北京：北京邮电大学出版社，2004.
[16] 李晓西．宏观经济学（中国版）［M］．北京：中国人民大学出版社，2005.
[17] 侯伟丽．中国经济增长与环境质量［M］．北京：科学出版社，2005.
[18] 焦瑞进．宏观税收分析方法和指标体系［M］．北京：中国财政经济出版社，2007.
[19] 乔宝云．公共财政研究报告：中国税收收入和税收收入能力研究［M］．北京：中国财政经济出版社，2009.
[20] 郑雪梅．中国生态财政制度与政策研究［M］．成都：西南财经大学出版社，2009.
[21] 栾宝云．研发投入税收激励政策在Y公司的应用研究［D］．上海：东华大学，2014.
[22] 田燕．营业税改征增值税对内蒙古中小企业税负影响的研究［D］．上海：东华大学，2014.
[23] 俞佳．税收优惠对外商直接投资企业财务影响研究［D］．杭州：浙江大学，2005.
[24] 马振鲁．我国小微企业融资法律问题研究［D］．烟台：烟台大学，2013.
[25] 孙玉红．基于企业所得税改革的企业税收筹划研究［D］．青岛：中国海洋大学，2009.
[26] 周丹华．我国中小企业税收优惠探讨［D］．上海：复旦大学，2010.
[27] 王爽．促进中小企业发展的税收政策研究［D］．蚌埠：安徽财经大学，2012.
[28] 熊安平．泸州市中小企业发展现状及对策研究［D］．成都：西南财经大学，2010.
[29] 何云霄．中小企业税收优惠政策研究［D］．郑州：郑州大学，2014.
[30] 闵长富．辽宁省中小企业发展困境与对策研究［D］．沈阳：东北大学，2011.
[31] 刘彩霞．中小企业发展的税收支持政策研究—以湖北省为例［D］．武汉：华中师范大学，2013.
[32] 邹广贤．小微企业所得税优惠政策完善研究［D］．济南：山东大学，2013.
[33] 许宪春．基于2007年投入产出表的我国投资乘数测算和变动分析［J］．统计研究，2010（3）：3~7.

[34] 黄涛，陈良焜，王丽艳．中国行业吸纳就业的投入产出分析［J］．论文科学（京），2002（1）：67~69.
[35] 曹建安．“税收陷阱”的测度模型及其应用研究［J］．会计之友，2015（18）：75~77.
[36] 付广军，刘洋．关于拉弗曲线的理论思考与例证——兼论税收和税基相容原理经济与管理评论［J］．经济与管理评论，2013（6）：98~103.
[37] 李欣洁．完善税收政策助力小微企业［J］．中国商贸，2015（15）：46~49.
[38] 逄晓霞，方晓琳．我国战略性新兴产业税收政策的完善研究［J］．现代经济探讨，2012（3）：58~60.
[39] 蔡泳，马园园．促进小微企业发展的税收政策国际经验探讨［J］．会计之友，2014（10）：85~87.
[40] 颜欢．小微企业助推巴西经济发展［J］．中国中小企业，2013（9）：68~69.
[41] 张媛．支持小微企业发展财政政策研究——以辽宁为例［J］．地方财政研究，2015（9）：76~80.
[42] 付伯颖．税收优惠政策的就业效应探析［J］．现代财经-天津财经大学学报，2006（11）：21~23.
[43] 钱振伟．云南经济增长与就业辩证关系实证研究［J］．云南财贸学院学报（社会科学版，2004（6）：87~90.
[44] 关文飞．税收流失原因探讨［J］．金卡工程，2011（6）：26~28.
[45] 唐婧妮．新企业所得税对中小型企业的影响及对策［J］．改革与战略，2009（12）：108~111.
[46] 王静红．支持和促进就业税收政策的探讨［J］．商情，2012（3）：64~65.
[47] 杨振汉．小型微利企业所得税优惠政策微效原因及提效措施［J］．西部财会，2013（5）：15~16.
[48] 姚伟霞．浅析小型微利企业涉税会计处理［J］．当代会计，2015（2）：17~18.
[49] 李晖，李思衡．辽宁省装备制造业经济贡献分析［J］．沈阳大学学报（社会科学），2014：1~4.
[50] 范伟红，刘丹．增值税纳税人分类管理制度弊端与重构建议［J］．会计之友，2015（9）：110~114.
[51] 毛丽冰．“四化同步”促经济结构调整——访北京大学副校长刘伟［J］．经济，2013（6）：10~12.
[52] 梁译丹，王文清．小微企业优惠范围减负便民政策升级［J］．财务与会计（理财版），2014（8）：31~34.
[53] 晨竹．小微企业税收优惠政策的七大优化［J］．注册税务师，2014（11）：15~16.
[54] 王慧媛．我国融资租赁税收政策概况［J］．时代金融（中旬），2014（3）：55~57.
[55] 左俊．我国融资租赁税收制度的完善建议［D］．北京：对外经济贸易大学，2010.
[56] 高志强．企业所得税税收优惠的法律分析［J］．中小企业管理与科技，2015（28）：114.
[57] 李华威，张忠慧．我国中小企业融资现状及对策研究［J］．商场现代化，2014（3）：142~143.

[58] 林致远，邓子基．从稳定经济的视角看我国的税制结构调整［J］．税务研究，2007（2）：41~44.

[59] 四川省成都市国际税收研究会课题组．税收收入可持续增长的政策建议［J］．税务研究，2007（3）：23~25.

[60] 李波．宏观税负、产业税负与结构性减税政策［J］．税务研究，2010（1）：25~29.

[61] 刘培林，贾珅，张勋，后发经济体的“追赶周期”［J］．管理世界，2015（5）：6~17.

[62] 许南，李建军，产品内分工、产业转移与中国产业结构升级［J］．管理世界，2012（1）：182~183.

[63] 李树，陈屹立，雷国雄．市场化发展、供给侧改革与制度创新——“新常态下中国经济增长与制度建设”学术研讨会综述［J］．经济研究，2016（6）：186~191.